사회가 가둔 병

BOOK
JOURNALISM

사회가 가둔 병

발행일 ; 제1판 제1쇄 2022년 7월 13일
지은이 ; 정신건강복지혁신연대
발행인·편집인 ; 이연대 에디터 ; 김혜림
디자인 ; 권순문 지원 ; 유지혜 고문 ; 손현우
펴낸곳 ; ㈜스리체어스 _ 서울시 중구 한강대로 416 13층
전화 ; 02 396 6266 팩스 ; 070 8627 6266
이메일 ; hello@bookjournalism.com
홈페이지 ; www.bookjournalism.com
출판등록 ; 2014년 6월 25일 제300 2014 81호
ISBN ; 979 11 91652 63 5 03300

북저널리즘은 환경 피해를 줄이기 위해
폐지를 배합해 만든 재생 용지 그린라이트를 사용합니다.

BOOK
JOURNALISM

사회가 가둔 병

정신건강복지혁신연대

; 정신과 치료에서 약물 치료는 절대적이다. 치료는 전문가의 권위에 종속되고, 환자는 치료에 순응해야 한다. 무조건적으로 약물을 강요하는 것, 당연한 감정도 약으로 통제하는 것은 정신 질환자에게 또 다른 폭력이다. 그러나 환자도, 의사도, 사회도 이에 대해 질문하지 않는다. 정신 질환은 질문되기도 전에 규정된다.

차례

07   프롤로그 ; 치료가 앗아간 것들

15   1_ 네 명 중 한 명은 정신 질환자
      정신 질환은 특별하게 다가가지 않는다
      Fail이 된 F코드
      명문화된 '정신 질환자' 꼬리표

31   2_ 정신 의학의 희망과 절망
      증상이 진단이 되는 현실
      정신 약물의 탄생
      정신 의학의 그림자
      정신 의학, 절대적 권력

그들은 어쩌다 생존자가 되었나

51   3 _ 정신 질환 혐오의 역학
그들은 어쩌다 잠재적 범죄자가 되었나
광장으로 나선 '미친 자'들
치료를 넘어 회복으로
연결에서 시작되는 회복의 여정

71   4 _ 개인을 넘어서
복지 사각지대
약이 아닌 집을 달라
세상을 바꾸는 것으로

83   5 _ 함께 서는 자립
외로운 생존이 아닌
집에서 살 권리
일할 수 있는 권리
정신 질환과 함께, 살아가는 사회

101   주

109   북저널리즘 인사이드 ; 아무도 질문하지 않는 것들

치료가 앗아간 것들

코로나19로 인한 국내 첫 사망자는 청도대남병원에 입원한 정신 질환자였다. 사망자는 20년 동안 정신 병원의 폐쇄 병동에 격리돼 있었고, 사망 당시 몸무게는 47킬로그램이었다. 청도대남병원의 환자들은 침대가 없는 온돌방에서 예닐곱 명이 매트리스를 깔고 함께 생활했다. 2015년 중동 호흡기 증후군 MERS 유행 이후 일반 의료 시설의 기준이 강화됐으나 정신 의료 기관은 예외였다. 그 때문에 정신 병동은 열악한 치료 환경을 유지했다. 그 결과 청도대남병원 5층 정신 병동에 입원한 103명의 환자 모두가 코로나19 확진 판정을 받았다. 안전한 치료 환경을 누릴 신체 질환자의 당연한 권리는 정신 질환자에게는 없었다.

2021년부터 전국장애인차별철폐연대는 장애인의 이동권 보장 등을 요구하며 지하철 탑승 시위를 벌여 왔다. 방송사는 시위 현장과 이들의 요구를 일제히 보도했다. 급기야 여당인 국민의힘 이준석 대표와 전국장애인차별철폐연대 박경석 대표는 공영 방송에서 맞짱 토론을 벌이기도 했다. 이제 한국 사회에서 장애인이 자신의 권리를 주장하는 것은 당연한 공적 이슈가 됐다. 그러나 정신 질환자의 상황은 다르다. 정신장애인은 UN 장애인권리협약Convention on the Rights of Persons with Disabilities·CRPD을 통해 동등한 장애인으로 권리를 보장받았음에도 불구하고 권리 요구는커녕 자신의 정신적 장애를 드러내는 것조차 어렵다.

환자로서도, 장애인으로서도 권리가 부재한 정신 질환자이지만 사회적으로 주목 받을 때도 있다. 2016년 강남역 화장실 살인 사건, 2019년 진주 아파트 방화·흉기난동 살인 사건, 2018년 발생했던 강북삼성병원 정신 건강의학과 의사 살인 사건 등 흉악 범죄와 관련될 때다. 2020년 경찰청 통계에 따르면, 정신 질환자의 범죄는 전체 범죄의 0.6퍼센트에 불과하다. 미국 국립보건원National Institutes of Health · NIH에서도 "대다수 조현병 환자의 폭력 가해 위험성은 적다"고 공식적으로 밝히고 있다. 하지만 '정신 질환자 = 예비 범죄자'라는 인식이 여전히 팽배하고, 이들을 병원에 감금하라는 목소리가 당연한 듯 떠돈다.

정신 질환자는 누구인가? 연예인들이 방송에서 밝히는 공황 장애에서부터 우울, ADHD, 알코올 중독, 그리고 불치병으로 여겨지는 조현병까지, 정신적으로 어려움을 겪는 사람들은 모두 정신 질환자다. 보건복지부 국립정신건강센터 정신건강연구소의 《2021년 정신건강실태조사 보고서》에 따르면, 우리나라의 정신 질환 평생 유병률은 27.8퍼센트다. 전 국민 네 명 중 한 명은 평생 동안 한 번 이상 정신 질환을 앓고 있는 셈이다. 건강보호심사평가원의 《2019년 건강보험 통계연보》에 따르면, 정신 및 행동 장애로 병원을 찾는 환자는 335

만 명이다. 암으로 병원을 찾는 환자 380만 명과 큰 차이가 없다. 더군다나 코로나19로 인해 국민들의 정신 건강이 전반적으로 나빠졌다. 국민 다섯 명 중 한 명에게서 우울 위험이 나타났으며, 자살을 생각하는 비율도 9.7퍼센트에서 최고 16.3퍼센트까지 높아졌다.[1] 더 이상 정신 질환은 특정 소수만의 문제가 아니다.

그럼에도 불구하고 정신 질환에 대한 사회의 이해도는 매우 낮다. 몇몇은 여전히 귀신이 들렸다고 여겨 굿을 하거나 기도를 하는 등, 종교적 방법을 빌리려 한다. 정신 질환을 생각조차 못한 채 나약함과 게으름을 탓하며 적절한 치료시기를 놓치는 경우도 많다. 혹은 이상함을 느끼면서도 정신 질환 자임을 스스로 인정하기 싫어 외면해 버리기도 한다. 정신 질환을 앓고 있어도 정신 건강 서비스를 이용하는 경우는 22퍼센트에 그친다. 정신적 어려움으로 고통을 호소하지만 적절한 도움을 받지 못한 채 고립되는 경우가 많다.

힘들게 정신과라는 높은 문턱을 넘어 의사의 진단과 처방이 내려지면 공식적인 정신 질환자가 된다. 그때야 자신이 나약했던 게 아니라 아팠던 것임을 알게 된다. 몸이 아프면 병원을 찾는 게 당연하듯, 정신적 어려움 역시 전문가의 도움을 통해 해결할 수 있다. 특히 정신과 약물은 불면, 우울과 같은 증상을 조절하면서 안정적인 일상생활을 돕는다. 약물은 분명 환자의 증상 조절에 도움을 준다. 하지만 국가 정책의 흐름도 약물에만 의존한다. 정신 질환을 '뇌의 질병'으로 인식하는 데 급급해 회복보다는 치료 중심의 접근을 택하고 있다.

하지만 국제적인 정신 건강 정책의 흐름은 조금 다르다. 국제적 기준은 치료를 넘어 회복 패러다임을 강조하고 있다. 정신 질환이 약을 통해 완전히 치료될 수 있다면 왜 10년 이상 퇴원하지 못하는 장기 입원 환자들이 있는지, 신체장애인과 비교해 취업률은 왜 3분의 1에 그치는지, 자살률은 왜 일반인의 네 배 가까운 수치를 보이는지 설명하기 어렵다. 20여 년간 조울병을 앓아온 《한겨레》의 이주현 기자는 뇌를 조절하는 약물은 시작일 뿐, 끝이 아님을 강조한다. 증상을 완화하는 치료에서 나아가 인생의 의미를 찾는 치유로 향해야 한다는 것을 역설한다.[2] 세계보건기구World Health Organization·WHO에서 제시하는 회복 패러다임은 증상 너머의 삶의 회복이다. 정신과 약을 꾸준히 챙겨 먹고 전문가와 상담을 한다고 하더라도 자신의 삶이 여전히 폐쇄 병동에 입원한 환자의 삶과 다르지 않다면 이는 회복이라고 부르기 어렵다. 회복은 의미 있는 삶을 살아가는 데 필요한 일, 관계, 건강, 목표, 주거, 여가 등이 각자의 방식으로 구축되는 과정이다. 이는 전문가의 치료나 개인의 노력만으로는 어렵다.

회복에 필요한 것은 삶의 대안이다. 서구 국가들은 정

신 질환으로 인한 장애에 대해서도 주거, 고용, 교육, 문화 예술 등에서 신체장애인과 동등한 권리를 갖도록 보장하고 있다. 국가 차원에서 신체장애인이 일을 하는데 필요한 휠체어, 엘리베이터, 활동 지원사 등의 편의를 제공하듯, 정신 장애인에 대해서도 안전한 근무 환경, 유연한 업무 조정, 필요시 상담 연계 등을 지원하고 있다. 더 이상 세상은 신체장애를 정상과 비정상으로 나누지 않는다. 그와 마찬가지로 정신적 장애역시 나약함이나 무능함의 문제가 아니다. 그렇기 때문에 정신적 어려움을 가진 개인이 정신적 어려움을 가지고도 더불어 살아갈 수 있는 '사회적 환경'을 만드는 것이 중요하다.

이 책은 정신 질환에 대한 논의가 더 이상 개인의 나약함으로 귀결되거나 개인적 문제에 머물러서는 안 됨을, 치료를 넘어 사회적 지원이 중요함을 이야기한다. 정신 질환을 사회적 맥락에서 다시금 논의하고자 하는 시도다. 국민 네 명 중한 명이 한 번은 경험하는 정신 질환의 현재를 살피고, 그럼에도 열악한 정신 건강 서비스의 열악한 현실을 조명한다. 이후정신과 치료의 희망과 한계, 그리고 그 속에서 정신 질환 당사자들이 내왔던 목소리를 살핀다. 마지막으로는 개인을 넘어선 사회적 변화와 권리 보장 제도를 분석한다.

'정신건강복지혁신연대'는 정신적 어려움을 가진 이들의 건강과 회복, 인권을 옹호하기 위해 자발적으로 모인 단체다. 이 책은 그간 혁신연대에서 논의한 내용을 정리한 결과물이다. 20여 년 이상을 정신 질환자와 함께 일해 왔지만 쉽게 이야기하기는 어려운 주제다. 책을 집필하는 동안에도 세상과 사회의 공감을 이끌어낼 수 있을지 고민했다. 그러나 이제껏 내부자의 고민에만 그쳤던 논의를 확장해야 한다고 생각했다. 격리와 치료만으로 사회는 정신 질환과 더불어 살아갈 수 없다. 이 책이 오늘도 스스로를 탓하며, 오늘도 치열한 삶을 혼자 살아내고 있는 모든 사람들과 함께 연대할 수 있는 시작이 되기를 바란다.

정신 질환은 특별하게 다가가지 않는다

정신 질환자들은 흔히 그들의 질병과 연루된 범죄를 통해 세상에 알려지지만, 특정 사건 속에만 존재하는 것이 아니다. 전 국민 네 명 중 한 명은 살면서 한 번 이상은 정신 질환을 앓을 정도로, 이들을 사회에서 마주치는 것은 생각보다 흔한 일이다. 주요 정신 질환별 연간 추정 환자 수를 살펴보면 이해가 수월해진다. 가장 심각한 정신 질환으로 알려진 조현병의 경우 평생 유병률은 0.5퍼센트다.[3] 이를 1년으로 환산해 추정하면 연간 6만 3000명에게 발병한다. 좀 더 보편적인 우울 장애는 평생 유병률이 7.7퍼센트로 연간 86만 7000명에게, 불안 장애는 평생 유병률이 9.3퍼센트로 연간 158만 명에게 발병하고 있다.[4]

코로나19 대유행으로 정신 건강의 지표들이 더욱 나빠진 것은 비단 한국만의 문제가 아니다. OECD 주요국에서 우울감과 불안 장애를 보이는 사람들이 세 배 이상 증가했다. 코로나19로 인한 감염과 사망에 대한 공포, 소득과 학업 중단으로 인한 우울과 불안, 일상생활 및 대인관계 제한으로 인한 고립은 정신 건강에 부정적인 영향을 미쳤다.

정신 건강의 가장 큰 적신호라고 할 수 있는 자살률에 있어 한국은 지난 10년간 OECD 국가 중 압도적인 1위를 유지해 오고 있다. 2019년 기준 OECD 회원국의 평균 자살률은

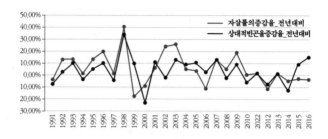

상대적 빈곤률의 변화와 자살률의 변화(1990~2016)

* 관계 부처 합동, 〈2018년 자살예방 국가 행동계획〉

인구 10만 명당 11.3명인데, 한국은 24.6명으로 두 배 이상 높은 수준이다. 2019년 한 해 동안 1만 3799명이 자살했다.[5] 서울의 웬만한 동 하나가 사라질 수 있는 규모다. 하루 평균 37.8명, 한 시간 동안 1.6명이 스스로 목숨을 끊는다. 운수 사고로 인한 사망자보다 세 배 이상 높은 수치다. 우리나라의 자살률 추이는 실업률 추이, 상대적 빈곤율의 증감률과 거의 일치한다. 자살을 한 개인의 비극이나 정신적 결함의 탓으로만 돌릴 수 없는 이유다. 자살은 폭넓은 접근이 필요한 사회적 문제다.

한국 사회의 정신 건강 취약성은 청소년에게도 예외가 아니다. 10~30대 연령층 사망 원인 1위가 자살이다. 사고나 질병 때문이 아닌, 스스로 죽음을 선택하는 청소년이 가장 많다. 2019년 한 해 동안 자살로 생을 마감한 10대 청소년은 298명으로 전년 대비 2.7퍼센트 증가했다. 학급의 수로 따지면 10개 이상의 학급이 사라지는 셈이다. 정신과 진료를 받는 청소년의 수도 2016년 22만 587명에서 2020년 27만 1557명으로 꾸준히 증가하고 있다. 2020년 질병관리청에서 진행한 '청소년 건강 행태 조사'에서 최근 12개월 동안 2주 내내 일상생활을 중단할 정도로 우울감을 느낀 적이 있다고 응답한 청소년이 25.2퍼센트다. 네 명 중 한 명이 우울감을 경험할 정도로 심각한 현실이다.[6]

Fail이 된 F코드

한국의 경우 국민 네 명 중 한 명이 정신 질환을 경험하지만, 여전히 정신 건강 서비스 이용률은 낮은 것이 현실이다. 앞서 서술했듯 정신 질환을 경험했지만 정신 건강 전문가와 상담을 해본 적이 있는 사람은 22.2퍼센트에 불과하다. 각국의 정신 건강 서비스 이용률이 2016년 기준으로 캐나다 46.5퍼센트, 미국 43.1퍼센트, 벨기에 39.5퍼센트, 뉴질랜드 38.9퍼센트, 스페인 35.5퍼센트, 호주 34.9퍼센트, 남아공 25.2퍼센트인 것과 비교했을 때 낮은 수준이다.[7]

정신적인 어려움에도 불구하고 전문가를 찾지 못하는 것은 정신 질환에 대한 올바른 정보가 부족하기 때문이다. 보건복지부의 정신 질환 실태 조사에 따르면, 조현병이 있어도 정신 건강 서비스를 이용하지 않는 이유로 조사 대상의 82.4퍼센트가 '스스로 해결할 수 있다'는 것을 꼽았다. '저절로 좋아질 것'이라는 응답이 58.8퍼센트, '어떻게 서비스를 받아야 하는지 몰랐다'는 응답이 23.5퍼센트로 뒤를 이었다.[8] 이는 기본적으로 정신 질환에 대한 우리 사회의 대중적 인지도가 낮음을 보여 준다. 정신 질환을 제대로 이해할 기회가 없기에 정신적 어려움을 정신 질환으로 인식하지 못하고, 정신 질환에 대한 막연한 두려움을 갖거나, 어떻게 서비스를 이용해야 할지 알지 못한다. 결과적으로 정신적 어려움을 독특한 성격이나 특수한 상황 정도로 인식하고, 시간이 지나면 해결될 것이라 생각하며 기다리게 된다.

혹은 기도나 굿 등의 종교적 힘을 빌리기도 한다. 치료라는 명목의 종교적 행위로 인해 정신 질환자는 더 심각한 고통에 빠지기도 한다. 실제로 정신병을 앓는 40대 여성이 무속인, 통칭 '법사'에 의해 사망하는 사건이 일어나기도 했다. 법사는 귀신을 내쫓아 주겠다며 배 위에 올라가 양발로 가슴과 배 부위를 수차례 밟았고, 피해자인 여성은 명치 충격에 의한 쇼크로 사망에 이르렀다.[9]

정신적 어려움이 있어도 정신과를 찾지 못하는 이유에는 정보 부족뿐 아니라 다양한 원인이 개입한다. 정신 질환에 대해 뿌리 깊은 편견도 큰 영향을 끼친다. 아프면 병원을 찾는 것이 당연하지만, 여전히 '내과 진료를 받았다'와 '정신과 진료를 받았다'라는 명제 사이에는 인식의 차이가 크다. 신체적으로 아플 때는 당연히 치료를 받아야 한다고 생각하지만, 정신 질환에 대해서는 그렇게 생각하지 않는 사람이 더 많다. 정신 질환으로 병원을 찾는다는 것을 부끄러워하고, 가족에게도 숨겨야 하는 비밀로 생각한다. 정신과 치료를 받는다는 것을 '정신 질환자'라는 사회적 낙인을 부여받는 것과 같다고 인식하는 이들이 많다.

세계보건기구가 정한 국제 질병 분류 기호상 정신과 질환 코드는 'F'다. 많은 사람들이 진료 기록에 F코드가 있으면, 정신 질환이 드러나 취업, 진학, 결혼, 보험 가입 등에 불이익을 당하지 않을까 두려워한다. 진료 기록은 의료법, 건강보험법, 개인정보보호법 등에 의해 엄격하게 보호되며, 법에서 정한 특수 상황이나 본인의 동의 없이 제3자가 열람하거나 처리하는 것은 불법으로 처벌 대상이다. 그럼에도 이에 대한 인식은 부족한 상황이다. 정부는 2012년 '정신건강증진 종합대책'을 발표하면서, 정신과 진료 기록에 대한 두려움으로 치료를 기피하지 않도록, F코드 대신 보건일반상담의 'Z코드'를 사용할 수 있도록 조치했다. 일련의 노력에 비해 여전히 정신과 치료의 문턱은 높다. 정신과 치료를 받는다는 것은 정신 질환자가 되는 것이고, 이는 우리 사회에서 미친 사람, 위험한 사람, 예비 범죄자로 인식되는 것과 같다.

명문화된 '정신 질환자' 꼬리표

실제 정신 질환에 대한 인식 조사 결과를 살펴보면[10] 83.2퍼센트의 사람이 '누구나 정신 질환에 걸릴 수 있다'고 생각하지만, '정신 질환이 있는 사람들도 정상적인 삶을 살 수 있다'는 것에 동의하는 비율은 65.0퍼센트에 그친다. '정신 질환이 있는 사람들은 사회에 기여하기 어렵다'에 동의하는 응답은 40.3퍼센트, '정신 질환자 이용 시설이 우리 동네에 들어와도 받아들일 수 있다'는 39.0퍼센트로 나타났다. 누구나 정신 질환을 앓을 수 있다고 생각하지만 정작 지역 사회에서 더불어 살아가는 것에 대해서는 비관적이다. 우리 사회는 여전히 정신 질환을 편견 섞인 눈으로 바라보고 있다.

정신 질환자에 대한 사회적 편견은 실질적인 차별과 배제로 나타난다. 우리나라의 법률 중 정신 질환을 사유로 자격 취득과 취업을 제한하는 법률은 27개에 이른다. 특히 산후 조리원 운영, 수상구조사, 수렵 면허, 어린이집 설치, 아이돌보미, 주류제조관리사 관련 법률에서는 자격이나 면허 취득을 무조건적으로 제한하고 있다. 업무와의 직접적인 관련성이나 명확한 근거 기준은 없다. 정신 질환자를 미래의 잠재적 위험 대상으로 판단해 취업과 자격 취득을 광범위하게 제한하고 있는 것이다. 국가인권위원회는 이러한 자격 제한 규정이 헌법이 보장하는 평등권과 직업 선택의 자유, UN 장애인권리협약을 위배한 것으로 판단하고 2018년부터 개선을 권고하고 있다.[11] 정신 질환이 업무상 무능력과 잠재적 위험성을 내포하고 있다는 구체적 근거가 없고, 다른 신체 질환과 마찬가지로 치료 가능하거나 치료 과정에 있는 것이며, 업무 적합성과 위험성 여부는 경중과 치료 경과에 따라 달라질 수 있음에도 검증 절차 없이 법률로 배제하는 것이 문제라고 봤다. 하지만 국가인권위원회의 지속적인 권고에도 아직까지 법률 개정은 이루어지지 않고 있다.

법률상의 차별뿐 아니라 사회적 차별도 공공연히 일어난다. 대표적으로 보험 가입의 제한이 그렇다. 상법 제732조 (15세 미만자 등에 대한 계약의 금지)는 심신 상실자 또는 심신 박약자의 사망을 보험 사고로 규정한 보험 계약은 무효로 하고 있다. 이를 악용한 일선 보험사에서 정신 질환자를 대상으로 한 보험 가입을 거절하는 일은 일반화된 사안이다.[12] 국가 인권위원회에서는 해당 사안 역시 법률 개정을 권고하고, 개정안 또한 발의됐으나 번번이 폐기됐다.

사회적 차별들에 대해 정신 질환자들은 어떻게 체감하고 있을까? 2020년 보건복지부의 자료에 따르면 정신 질환으로 인해 본인이 차별받고 있다고 느끼는 경우는 50.8퍼센트로 나타났다. 이는 다른 신체적 장애를 가진 사람들의 두 배에 달하는 수치다.[13] 정신 질환자는 이러한 사회적 편견과 차별에 부딪히며 정신 질환이 주는 고통보다 더 큰 좌절에 빠지게 된다. 조현병 당사자로서 정신 장애를 연구하고 있는 이관형 씨도 어쩔 수 없이 자신이 조현병을 앓고 있다는 사실을 주변 사람들에게 오랫동안 숨겨왔다고 했다. 하지만 운전면허 때문에 어쩔 수 없이 조현병을 앓고 있다고 적을 수밖에 없었다. 서류를 제출한 후, 그 직원이 자신을 쳐다보는 눈빛에 그는 좌절했다. 살면서 한 번도 겪어보지 못한 눈빛에 억울하고 분해서 눈물을 쏟았다.[14] 정신 장애 인권 단체 '파도손'의 이정하 대표는 정신 질환자라는 낙인이 자신의 이름 세 글자보다 더 자신을 대표하는 '꼬리표'가 된다고 말했다. 정신 질환자가 되면 자신의 감정과 의견조차도 미친 사람의 것이 되어 버린다.

뇌의 사형선고라는 꼬리표를 달고서

사실 나는 내가 정상이에요 라고 하면 미쳤다고 한다.

당신은 정상의 범주이므로 미치겠네 미치겠네 해도 미치지 않았다.

고로 정상일 필요도 없다.

내면의 소리를 내거나 하면

그 소리의 중요성이나 내용보다

미친 자의 한계를 논하는 것으로 마감되기 마련이다.

화를 낼 만해서 화를 내면…

미쳤기 때문에 나는 화를 내거나 할 자격도 주어지지 않았다.[15]

정신 질환에 대한 사회적 편견과 차별은 치료의 접근성도 떨어뜨린다. 정신 질환은 조기에 발견하고 치료할 경우 예후가 좋다. 하지만 실제로 우울증 환자의 3분의 1이 치료를 받으러 오지 않고, 그 중 20퍼센트가 결국 자살로 생을 마감하게 된다. 정신 질환의 증상이 나타난 시기로부터 치료를 시작할 때까지의 미치료 기간Duration of untreated psychosis·DUP은 예후에 있어 중요한 요인이 된다. 우리나라의 초발 정신 질환의 DUP는 54주로, 영국 등 서구 국가가 일반적으로 약 6개월인 것과 비교하면 두 배가 넘는다. 조기 개입을 통해 치료 효과를 높일 수 있는 골든 타임을 놓치게 되면 만성 정신 질환으로 이어져, 높은 사회적 비용을 초래하게 된다. 실제로 DUP가 길어지면 치료비가 40배 이상 든다는 연구 결과가 있다.[16]

이에 서구에서는 정신 건강 서비스에 대한 접근성을 높이기 위해 국가 차원의 다양한 노력을 하고 있다. 호주의 경우 '마인드매터스MindMatters'라는 사업을 통해 청소년 시기부터 정신 건강에 대한 이해를 높이고 서비스를 효과적으로 이용하도록 한다. 학교 교과 과정에서 정신 건강에 대한 이해를 다루고, 교사들이 학생들의 정신 건강에 대해 효과적으로 대처할 수 있도록 교육하며, 지역 사회 정신 건강 서비스와의 협력 체계를 구축한다. 영국은 '아이앱트Improved Access to Psychological Therapies·IAPT'를 통해 국민 누구나 쉽게 상담을 받을 수 있도록 했다. 아이앱트는 공공 의료 체계에서 제공하는 무료 상담 서비스로, 정신적 어려움이 있을 때 기본 네 번의 전화 혹은 대면 상담을 제공하며, 이후 치료가 필요한 경우 정신 의료 체계로 연계한다. OECD는 2013년 한국의 정신 건강 체계를 조사한 후 아이앱트 서비스를 권고한 바 있다. OECD는 한국과 같이 자살률이 높고 정신적 스트레스가 심한 국가에서는 접근성이 높은 보편적인 심리 치료 서비스가 필요하다고 덧붙였다.

서구에서 정신 건강 서비스는 치료뿐만 아니라 지역 사회에서 살아가는 데 필요한 포괄적인 서비스를 의미한다. 이미 1970년대 이후 입원 병상을 적극적으로 줄이는 대신, 지역 사회 기반의 정신 건강 서비스를 확대해 왔다. 미국은 주립 병원을 중심으로 1950년대 50만 개의 정신 병원 병상을 1990년대 3만 8000개까지 축소했다.[17] 대신 입원하지 않고도 지역 사회에서 이용할 수 있는 정신 건강 상담, 위기 쉼터, 집중 사례 관리 등의 서비스를 제공하는 것에 힘을 쏟았다. 호주의 경우 1993년부터 다섯 차례에 걸친 정신 건강 개혁 정책을 통해 연령에 따라 아동·청소년, 성인, 노인 세 집단으로 구분하고, 지역 구획에 따른 서비스 체계를 구축했다. 공공 의료 중심의 치료 서비스뿐 아니라 지역 사회에서의 주거, 고용, 재활, 사회 활동 참여에 이르는 포괄적인 서비스 체계다. 정신 건강에 접근하는 서구 사회의 태도는 의료적 치료를 넘어 일상 유지를 돕는 방향으로 나아가고 있다.

정신 질환에 대한 사회적 편견으로 인해 처음부터 정신과 치료를 받는 것을 꺼리는 사람이 많다 보니 치료의 대안으로 심리 상담을 받는 경우도 있다. 대부분은 민간 기업에서 운영하는 기관이기 때문에 한 시간에 10만 원에 달하는 큰 비용을 부담해야 한다. 뿐만 아니라 자신에게 맞는 기관을 선택할 수 있는 정보도 부족하다. 설령 어렵게 정신과 치료를 결심하더라도 자신에게 필요한 서비스를 찾는 것 역시 매우 힘들다. 혈액 검사, X-ray, CT와 같은 검사에 의해 진단을 내리는 신체적 질환과 달리 정신과는 의사의 판단과 상담 기술이 더욱 중요하다. 하지만 일반인 입장에서 병원이나 의사를 선택할 때 고려할 수 있는 정보가 거의 없을뿐더러 판단도 어렵다. 정보 불균형은 정신 질환에서 더 가중된다. 정신과를 방문하더라도 실제 의사와 이야기를 나누는 시간은 10분도 채 되지 않으며, 약물 처방이 전부인 경우가 많다. 되도록 많은 환자를 받아야 수익이 나는 의료 수가 체계상 심층적인 상담은 한계가 있다.

　그나마 자발적으로 외래 치료를 받으면 다행이다. 이미 증상이 심각해졌거나 자타해(자해·타해)의 위험까지 보이면 강제 입원을 당하는 경우가 많다. 자유로운 의료 계약에 따르지 않는 강제 입원은 개인의 자유권을 심각하게 침해하는 일종의 구금 행위다. 따라서 서구에서는 강제 입원에 대해 사법 혹은 준사법 기관을 통한 엄격한 절차를 거치도록 하며, 강제 입원자의 권리를 보호할 수 있는 권리 옹호 체계를 갖추고 있다. 하지만 우리나라는 여전히 가족과 의사에 의한 입원이 가능하다. 현행범으로 잡힌 범죄자에게도 보장되는 자기변호의 권리가 우리나라 정신 질환자에게는 주어지지 않는다. 게다가 민간 의료가 90퍼센트를 차지하는 한국 의료 체계에서 입원은 곧 병원의 수익과 연결된다. 한 번의 입원은 장기 입원으로 이어진다. 우리나라의 평균 입원 기간은 124.9일로[18], 일주일에서 한 달 정도인 서구권과 비교했을 때 네 배나 길다.

　장기 입원에서 벗어나기 위해서는 병원 치료 이후 지역 사회에서 삶을 유지할 수 있는 지원 체계가 필요하다. 우리나라도 1995년 정신보건법을 제정하고 시군구마다 정신 건강 복지 센터를 설치했다. 하지만 제 기능을 하기에는 구조적으로 매우 취약하다. 열 명에서 스무 명 남짓의 전문가가 정신 건강, 자살, 중독, 교육, 중증 정신 질환자 관리까지 맡고 있다.

규모에 비해 매우 광범위한 사업을 담당하고 있으며 한 명의 정신 건강 전문가가 지나치게 많은 정신 질환자를 지원해야 하는 상황이다. 현재 한 명의 정신 건강 전문가가 20명에서 60명에 이르는 정신 질환자를 지원하고 있다. 이대로라면 한 달에 한 번의 가정 방문조차 쉽지 않다.

치료 후 정신 질환자의 재활과 회복을 지원하는 기관은 정신 재활 시설이다. 정신 재활 시설은 일상생활 및 취업 지원, 사회 기술 훈련, 주거 제공 등의 기능을 수행한다. 정신 질환자의 회복을 위해 필수적이지만 시설 수는 턱없이 적다. 전국 시군구 중 정신 재활 시설이 단 한 곳도 없는 지역이 45.9퍼센트로, 105개 지역에 이른다.[19] 시설이 편중되어 있는 수도권조차도 상황은 열악하다. 경기도 지역의 경우 발달 장애인을 위한 주간 보호 시설이 150개인 반면, 정신 장애인을 위한 주간 재활 시설은 10개에 불과하다. 한국의 정신 건강 체계는 개인이 알아서 찾아가야 하는 민간 의료 중심의 치료 서비스만이 중심을 이룬다. 서구와 같은 지역 사회 기반의 포괄적인 공공 서비스는 매우 취약하다.

증상이 진단이 되는 현실

정신적 어려움으로 정신과를 방문하면 누구나 자신의 '진단명'을 알고 싶어 한다. 모든 의료적 접근은 정확한 진단으로부터 출발한다. 진단이 명확해야 그에 따른 치료 방법이나 예후도 예상할 수 있기 때문이다. 신체적 증상에 대한 일반적인 치료 과정은 다음과 같다. 의사는 먼저 환자를 대상으로 문진을 한다. 어떤 증상이 있는지, 언제부터 증상이 나타났는지, 증상을 유발할 만한 특정 원인이나 사건은 없는지 확인한다. 그다음은 검사가 이루어진다. 혈액 검사, X-ray, CT, MRI, 그리고 조직 검사까지 하고 나면, 검사 결과에 나타나는 생물학적 증거들에 근거해 진단을 내린다. 어떠한 병인지 판단하면 그에 따라 치료 방법이 결정되는 식이다.

　정신과 치료는 어떻게 이뤄질까? 신체 질환과 마찬가지로 의사는 문진을 한다. 무엇이 힘든지, 언제부터, 어떻게, 그리고 어떤 요인으로 증상이 나타나는지 환자에게 질문한다. 만약 환자가 적절하게 대답을 하지 못한다면, 가족과 지인으로부터 정보를 얻는다. 주변인이나 가족이 보고, 경험한 것을 통해 판단을 내린다. 그다음은 검사다. 다만 정신과에서의 검사는 대부분 환자의 자기 보고식 검사다. 가장 널리 쓰이는 심리검사는 '미네소타 다면적 인성검사Minnesota Multiphasic Personality Inventory·MMPI'로, 총 567개의 문항에 환자가 응답한다. 신체적

검사도 이루어지지만 이는 대부분 파킨슨증, 뇌전증 같은 신경과적 질병을 파악하거나, 갑상선 질환과 같이 정신과적 증상과 유사한 신체적 질병을 감별하기 위한 목적이다. 필요하다면 입원을 통해 직접 환자의 증상을 관찰하기도 한다. 정신과의 진단은 환자와 가족이 제공하는 정보와 의사의 임상적 관찰과 판단에 의해 이루어진다. 즉, 생물학적 근거가 없다는 것이다.

생물학적 근거가 없다고 과학적이지 않은 것은 아니다. 다만, 환자나 가족이 제공하는 정보에 의존할 수밖에 없으며, 의사의 임상적 판단에 따라 얼마든지 좌우될 수 있음을 의미한다. 이는 정신과적 진단에 대한 오랜 비판으로 이어진다. 정신과적 증상에 대한 정의와 진단을 위한 다양한 노력은 있었다. 특히 오스트리아의 정신 분석학자 지그문트 프로이트Sigmund Freud로 대표되는 정신 분석적 접근과 생물·의학적 접근이 대표적이다. 하지만 현재 상용되는 의학적 기준은 이러한 접근과는 거리가 멀다. 정신과 질환의 원인이 생물학적으로 명확하게 규명되지 못했음에도 불구하고, 정신 분석적, 심리적 접근들은 배척한 채 의학적인 기준을 세운 셈이다. 정신과 진단의 세계적인 표준은 미국정신의학협회American Psychiatric Association·APA에서 개발한 '정신 질환의 진단 및 통계편람the Diagnostic and Statistical Mannual of Mental Disorders·DSM'이다.

1952년 발표된 첫 버전 이후로 2013년, 다섯 번째 버전이 출판됐다. DSM의 가장 큰 특징은 비이론적atheoretical이고 기술적인descriptive 접근을 채택했다는 것이다. 즉, 원인은 배제한 채 증상에 대한 전형적인 특성에 근거해 진단 분류 체계를 만들었다. 이 기준에 따르면 우울의 원인이 과거 트라우마로 인한 것이든, 사랑하는 사람의 죽음으로 인한 것이든, 부정적 사고 패턴의 인지적 오류 때문이든, 오랜 실직으로 인한 것이든 상관이 없다. 2주 이상 일상생활의 기능을 손상시킬 정도의 우울한 기분이나 즐거움의 상실이 있다면 '우울'로 진단된다.

서구에서는 DSM-5에 대한 우려와 비판의 목소리가 끊임없이 제기돼 왔다. 미국정신의학협회의 행정관 러네이 가핑클Renee Garfinkel은 DSM의 의사 결정 과정에서 보여준 사고의 빈곤은 놀라울 정도라고 평가했다. 그에 따르면, 피학성Masochistic을 성격장애로 포함시키는 문제에 관한 회의에서 한 유력 정신 의학자에게 개념 정의를 요청하자 "음, 그러니까, 불평이 많고… 딱 유대인 어머니 타입이죠."라고 대답했다. 많은 정신 의학자들이 DSM의 의사 결정이 과학적 근거가 부족하고 내적 모순을 가지고 있다고 비판한다.[20] 이러한 방식의 정신과 진단은 영역을 지속적으로 확장해 왔다. 불안 신경증에서 광장 공포증, 특정 공포증으로, 다시 사회 불안 장애로 진단명은 늘어 갔다. 하지만 이들 진단명 간의 의학적인 구분,

그에 따른 치료의 차이는 여전히 모호하다. 이와 같이 정신과 진단이 가지는 한계에도 불구하고 정신 질환이 여전히 '뇌의 병'으로, 또 정신 의학의 영역으로 받아들여지는 결정적인 계기는 정신과 약물의 개발 때문이다.

정신 약물의 탄생

1952년 1월 19일, 프랑스 발 드 그라스 군軍병원의 신경정신과 과장 조제프 아몽Joseph Hamon 대령과 의사 두 명은 심각한 조증으로 입원한 24세 조증 환자 자크에게 '클로르프로마진 chlorpromazine'이라는 약물을 투여했다. 자크는 그간 몇 차례나 발 드 그라스에서 입원과 퇴원을 반복한 일명 '회전문' 환자였다. 회복할 가망이 없어 보였던 이 환자는 20일 동안 클로르프로마진 총 855밀리그램을 투약 받은 후 발 드 그라스 의료진에게서 "정상적인 생활을 할 수 있다"라는 진단을 받고 퇴원했다.[21] 머리에 화분을 뒤집어쓰고, 명왕성에게서 자유를 빼앗겼다고 두서없이 열변을 토하던 자크에게 정상적인 삶을 안겨주었던 클로르프로마진은 1954년 미국에서 '소라진 thorazine'이라는 이름으로 시장에 등장했다. 소라진은 정신 질환의 치료 판도를 완전히 바꿨다. 송곳으로 전두엽을 잘라내던 전두엽 절제술, 호흡기 자극제로 사용되던 '메트라졸 Metrazol'로 조현병 환자에게 인위적으로 발작을 유도하던 메트라졸 경련요법 등이 사라졌으며, 쇠사슬과 구속복 등 폭력적인 방법으로 환자를 통제하던 방식에도 변화가 나타났다. 무엇보다 정신 병원 입원 환자 수가 획기적으로 줄어들기 시작했다.

소라진이 정신 병원의 문을 열어젖히던 그 순간에도 사람들은 소라진이 신체에 어떤 방식으로 작용해서 조현병을 치료하는지 알지 못했다. 그 비밀은 1957년에 영국 런웰 병원의 연구원 캐슬린 몬터규Kathleen Montagu가 인간의 뇌에 도파민이 존재한다는 사실을 증명하고, 이어 스웨덴의 신경 약리학자인 아르비드 칼손Arvid Carlsson이 도파민dopamine이 신경 전달 물질임을 증명[22]하면서 실마리가 풀리기 시작했다. 이후 정신 약리학은 정신 질환에 영향을 끼치는 신경 전달 물질을 발견하고, 이들이 뇌에서 작용하는 방식을 이해함으로써 뇌의 언어라 불리는 신경 전달 물질을 통제하는 방향으로 발전했다. '정신과 약'의 탄생이었다.

'화학적 불균형 이론'은 도파민, 세로토닌serotonin, 가바gaba 등 뇌 속에 있는 신경 전달 물질의 불균형으로 인해 조현증이나 우울증 등의 정신 건강 문제가 발생한다고 본다. 즉, 몸의 생화학적 이상이 정신 이상의 본질이라고 판단한다. 치료와 개입의 대상은 정신이 아닌 몸이라고 보는데, 이를 '생물 정신 의학'이라고 한다. 소라진 등장 이후, 정신 의학과 정신과 치료는 정신 질환을 신체 질환의 한 분야로 재구성했다. 이를 통해 정신 질환을 과학적으로 치료하는 정신 의학의 독점적 지위와 경제적 이득을 획득하고자 했다. 여기에는 약물 처방을 통해 돈을 벌 수 있다는 것을 알게 된 제약 회사의 막대한 투자, 자신의 삶을 전체적으로 조망하고 성찰하기보다는 물과 함께 알약 몇 개를 삼키는 것을 통해 마음의 평안과 행복을 얻고자 하는 소비자의 열망도 크게 한몫 했다.

자크가 현대적 의미의 '정신과 약'을 복용하고 퇴원한 지 70년이 지난 오늘날, 조현병을 비롯한 대부분의 주요 정신 질환은 약물 치료를 기반으로 한다. 정신 질환에 있어 약물 복용은 치료뿐 아니라 사회적 개입의 목적이자 목표가 됐다. 약물 출현 이후 오늘날의 치료 경과는 어떨까?

미국의 정신 의학자이자 치료 옹호 센터Treatment Advocacy Center·TAC의 창립자인 E. 풀러 토리E. Fuller Torrey는 최근까지의 조현병 경과 연구를 종합해 조현병을 앓은 환자의 치료 10년 후와 30년 후의 경과를 《조현병의 모든 것》에서 밝히고 있다.[23] 조현병 치료로부터 10년과 30년의 경과를 보면 대략 과반에 이르는 사람들이 완전히 회복하거나 상당히 개선돼 비교적 독립적인 생활을 해나가는 것을 볼 수 있다. 10년보다 30년 후의 경과가 더 좋은 결과를 보여주는 것은 노화 덕분인데, 노화가 신경 전달 물질의 과활성화를 억제하기 때문이다.

조현병 치료 경과

10년 후				
25%	25%	25%	15%	10%
완전히 회복	상당히 개선됨, 비교적 독립적임	개선되지만, 폭넓은 지원망이 필요함	입원 상태, 개선되지 않음	사망 (대부분 자살)

30년 후				
25%	35%	15%	10%	15%
완전히 회복	상당히 개선됨, 비교적 독립적임	개선되지만, 폭넓은 지원망이 필요함	입원 상태, 개선되지 않음	사망 (대부분 자살)

* E. 풀러 토리, 《조현병의 모든 것》

이런 경과는 불과 한 세기 전만 해도 조현병이 황폐해진 삶을 살다가 이른 죽음을 맞는 불치병으로 인식됐던 것을 생각하면 놀라운 변화다. 이런 변화의 상당 부분이 정신 약물 덕분이라는 점을 부정할 수 없다.

그러나 우리가 또 주목해야 할 부분은 완전한 회복을 이루지 못하는 75퍼센트의 사람들이다. 꾸준히 약물을 복용하는데도 불구하고 정신 의학은 이들에게 완치를 약속하지 못하며, 15퍼센트에 이르는 사람들은 자살로 삶을 마감한다. 왜 4분의 3에 해당하는 사람들에게 정신과 치료는 부족하거나 무기력한 것일까?

정신 의학의 그림자

인체가 기능하기 위해서는 정보의 흐름이 필요하다. 신경계
에서의 신호 전달은 전기적 신경 전달과 화학적 신호 전달이
있다. 전기로 된 신경 신호가 신경 말단에 도달하면 신경 전달
물질이 유리되어 다음 세포에 도달하고, 이를 통해 정보가 전
달된다. 생물 정신 의학은 정신 질환의 본질이 우리 몸, 그중
에서도 뇌 속 신경 전달 물질의 불균형의 결과라고 본다. 도파
민과 세로토닌이 발견된 1950년대를 지나면서 신경 세포들
간에 신호를 전달하는 화학 물질인 신경 전달 물질이 정신 질
환의 원인을 밝힐 수 있는 가장 확실한 루트라고 인식됐다.
1980년대까지는 하나의 신경 전달 물질이 하나의 질병과 연
관된다는 1:1 이론이 강세를 보였다. 예를 들면 도파민 과잉
이 조현병을 초래하고, 항정신병 약물은 도파민을 차단함으
로써 효과를 낸다는 도파민 가설이 널리 퍼졌다. 안타깝게도
지난 40년 동안의 연구에도 불구하고 이 이론을 뒷받침하는
증거는 거의 나오지 않았다. 더 최근에 나온 일부 항정신병 약
물은 도파민을 차단하지 않고도 효과를 내는 것으로 보인다.

최근까지의 연구 결과, 인간의 뇌에 작동하는 신경 전
달 물질은 100가지가 넘는다. 모든 신경 전달 물질은 복잡한

방식으로 상호 작용하며 기능한다. 조현병의 주요 원인으로 알려진 도파민은 최소 일 억 년 전부터 생체 기능 조절 물질로 작용했다. 개체 발생 과정에서도 배아기 뇌에서 가장 먼저 발현되는 신경 전달 물질이다. 도파민은 가장 원초적인 생명 유지부터 동기화된 행동, 학습, 주의력과 기억, 의식과 무의식에 이르기까지 뇌의 광범위한 기능에 관여한다. 만약 도파민이 과도하게 분비될 경우 뇌의 기능에 장애가 올 수 있다.

예를 들어 도파민은 새로운 자극을 처리하는 데 관여하는데, 처음 접하는 환경에서 각성 수준이나 탐색 활동을 증가시킨다.[24] 도파민은 나뭇가지들 사이에서 뱀을 발견해 내는 것과 같이 무작위적 패턴 사이에서 어떤 의미 있는 패턴을 찾아내는 데 관여한다. 도파민 분비가 적절하면 패턴을 잘 찾아낼 수 있고 창의적으로 패턴을 해석하기도 한다.[25] 하지만 도파민이 과다 분비되는 조현병에서는 무작위적인 패턴에서도 쉽게 특정 패턴을 만들어 발견하게 돼 환청, 환시 등 존재하지 않는 것을 듣거나 볼 가능성이 높아진다. 도파민은 조현병 외에도 중독, 주의력 결핍, 스트레스 반응, 강박, 조증 등 다양한 진단 혹은 증상과도 관련이 있다. 조현병 환자에게 도파민 이상이 있다는 사실에는 의심의 여지가 없다. 하지만 그 이상들이 구체적으로 어떤 기전機轉으로 증상을 유발하는지, 그리고 과연 질병 과정의 원인인지 혹은 결과인지에 관해서는 아직

많은 의문이 남아 있다.[26]

　　정신과 약물에 대한 제한된 근거에도 불구하고, 정신과 진단의 범위는 점점 더 넓어지는 상황이며 정신과 약물의 사용도 빠르게 늘어나고 있다. 이 과정에는 제약 회사의 영향력이 주요하게 작용한다. 미국의 제약 회사들은 정신 의학 연구에 막대한 재정 지원을 하고 있다. 미국 메사추세츠대학의 연구팀은 DSM에 새로운 진단명을 추가하는 과정에서 연구진과 제약 회사 간에 발생하는 이해 충돌을 조사했다. 조사된 정신 질환은 사별과 관련된 우울증, 폭식 장애, 파괴적 기분조절부전장애, 월경전불쾌감 등이다. 이들의 진단은 신뢰도와 타당도에 문제 제기가 있었을 뿐만 아니라 정신과 진단을 과도하게 늘린다는 '진단 인플레이션diagnostic inflation'의 우려도 있었다. 연구 결과 13개의 약물 실험 중 12개에서 DSM 의사 결정 연구자와 제약 회사들 간의 재정적인 관계가 있었다. 대부분의 실험 대상은 특허가 만료되거나 2년 이내에 만료될 예정인 의약물이었다. 제약 회사는 새로운 진단을 만들어 내고 이를 치료하는 약물에 대한 독점권을 행사함으로써 적어도 1년 동안 10억 원 이상의 수익을 올릴 수 있었다.

정신 의학, 절대적 권력

정신과 진단과 약물 치료가 가진 많은 한계에도 불구하고 그

것이 만드는 권력은 강력하다. 정신과 의사는 환자의 정신에 대한 절대적 권위를 가지게 된다. 진단은 치료적 개입의 근거가 될 뿐 아니라, 장애 등록의 필수 요건이기도 하다. 게다가 사회적으로 나쁜 행위를 아픈 행위로 바꿔줌으로써 교도소에서 처벌받을 사람이 병원에서 치료받을 수 있도록 만들기도 한다. 문제는 정신 의학의 여전한 과학적 한계에도 불구하고, 그것이 미치는 영향력은 절대적이라는 데 있다. 정신과 의사가 내리는 조현병이나 양극성 기분 장애라는 진단은 일종의 사회적 선언이 되어 환자의 삶을 규정한다. 잠재적 정신 질환자에서 공식적 정신 질환자로 신분이 전환되는 것이다.

한 개인이 느끼는 정신적 고통이 정신과 의사의 진단을 통해 정신 질환으로 규정되면, 그때부터 그 고통에 담긴 개인의 서사는 사라지고 '증상'에 대한 전문가의 치료가 시작된다. 학교에서 집단 따돌림으로 오랫동안 고통받던 영주(가명) 씨는 친구들이 수군거리고 놀리는 소리가 어느 순간 혼자 있는 공간에서도 환청으로 들려오기 시작했다. 정신과를 찾았고 의사는 조현병이라는 진단을 내렸다. 영주 씨는 자신이 친구들의 따돌림으로 얼마나 힘들었는지, 학교생활이 얼마나 고통스러웠는지 정신과 의사가 깊이 있는 상담을 해줄 것이라 기대했다. 하지만 의사는 약물 치료를 통해 환청이 줄어드는 것에만 관심이 있었다. 의사는 그 소리가 가지는 의미에는 관심이 없었다. 조울증 당사자로서 정신 질환에 대한 만화를 그리고 글을 쓰는 작가 '리단'은 의사가 알고자 하는 것은 내 마음의 상처가 아니라, 내 생활에 방해가 되는 증상이라고 강조한다. 그리고 정신과를 처음 찾는 초심자에게 정신과 상담은 약물 치료를 위한 상담이지 심리 상담이 아님을 조언한다. "너무 많은 정보를 의사에게 전달하려 애쓰지 않아도 된다. 의사의 말에 일희일비하지 말라. 의사의 말들에 나를 돌아보기보다 바뀐 약물이 주는 느낌을 조목조목 기록하는 편이 낫다."[27]

정신과 진단을 받고 나면, 치료는 전문가의 권위에 종속되고, 환자는 치료에 순응해야 한다. 외과 수술과 같이 환자의 수동성이 긍정적으로 작용하는 신체 질환과 달리 정신 질환은 환자의 역할이 중요하다. 증상을 인지하는 것도, 처방받은 약을 꾸준히 먹는 것도, 그 약이 효과가 있는지를 확인하는 것도 결국 환자의 역할이다. 모든 약이 그렇듯이 정신과 약물도 부작용이 따른다. 가볍게는 입 마름, 변비에서부터 하루 종일 졸리고 몸이 가라앉는 진정 작용, 성기능 장애, 그리고 틱 증상과 유사하게 얼굴 근육이 불수의적으로 움직이는 지연성 운동 장애 등 삶의 질을 떨어뜨리는 심각한 부작용도 있다. 치료를 위해 감내해야 하는 부작용이 당사자에게는 증상만큼 고통스러운 경우가 많다. 환자는 약을 먹어 증상이 나아진다고 해도, 부작용으로 인해 일상생활을 유지할 수 없어 결국 약을 끊게 된다. 따라서 자신에게 잘 맞는 약의 종류와 용량을 찾아 나가는 것이 중요하다. 그를 위해서는 약에 대한 반응을 가장 정확하게 알고 있는 환자 당사자가 치료에 주체적으로 참여해야 한다. 또한 무조건적으로 약물을 강요하거나, 당연한 감정도 약으로 통제하는 것은 정신 질환자에게 또 다른 폭력이 될 수 있다는 점을 인지해야 한다. 하지만 정신과 치료에서 약물 치료는 절대적이다.

정신 질환을 의료적 치료로만 접근하게 되면 부득이하게 강제적 치료로 이어질 수 있다. 민주주의 사회에서 한 개인을 강제적으로 구금할 수 있는 근거는 두 가지다. 하나는 범죄를 저질렀을 때, 그리고 또 하나가 바로 정신 질환이 있을 때다. UN 장애인권리협약이 장애로 인한 강제 구금을 금지하고 있음에도 불구하고, 많은 국가가 정신 질환자에 대한 강제 입원 제도를 가지고 있다. 물론 앞에서 살펴본 바와 같이 선진국일수록 강제 입원의 기준과 절차가 엄격하다. 미국의 경우 정신 질환자에 대한 강제 입원의 판단을 법원이 내리도록 되어 있으며 호주 등의 국가는 준사법 기관인 정신건강심판원을 두고 있다. 정신 질환으로 인해 자타해의 위험이 있는 경우 (준)사법적 절차를 통해 강제 입원을 진행한다. 입원 기간도 일주일에서 최대 한 달 이내로 최소화하고 있다.

강제 입원의 경우 정신과 의사가 최종적인 판단을 내리지만 대부분 민간 의료 기관에 소속된 의사들이 병원의 이해관계를 완전히 벗어날 수는 없다. 서구의 강제 입원율은 영국 13.5퍼센트, 이탈리아 12퍼센트, 독일 17퍼센트 등으로 나타난다. OECD 국가들이 대부분 10퍼센트 대인데 반해 한국은 32.1퍼센트로 두 배 가까이 된다. 한 개인을 강제로 구금할 수 있는 권력이 정신과 의사에게 주어져 있다.

그들은 어쩌다 생존자가 되었나

강제 입원한 환자에게는 강제적 약물 치료, 사지 결박, 안정실 감금, 통신 제한 등의 제약적 조치가 자연스럽게 뒤따른다. 이 과정에서 심각한 인권 침해가 일어나기도 한다. 2016년 4월, 20대 남성이 알코올 중독으로 영등포 소재의 한 정신 병원에 입원했다. 그가 병원의 알코올 솜을 몰래 훔쳐 알코올을 짜내 섭취하자 의사는 간호사에게 전화로 결박을 지시했다. 환자는 양팔과 다리를 침대에 묶인 채 11시간 동안 구속 상태에 놓였다. 가까스로 몸부림을 쳐 스스로 탈출했지만 이내 숨을 가쁘게 몰아쉬면서 이상 반응을 보였다. 의료진은 환자에 대해 심장 마사지와 심폐 소생술 등 응급 처치를 시행했지만 결국 사망했다. 통상 입원 환자들은 혈전이 생길 가능성이 높고, 특히 정신 질환 약물 투여자는 장시간 움직이지 못하면 혈액

이 굳어 혈류 정체와 과응고 상태가 나타날 위험이 있다. 따라서 강박 조치를 하더라도 한 시간마다 환자 상태를 점검하고 두 시간 마다 팔다리를 움직여줘야 한다. 하지만 담당 의사는 이에 대한 구체적인 지시를 하지 않았고 업무상 주의 의무를 저버렸다는 이유로 재판을 받았다. 하지만 업무상 과실 치사 혐의는 무죄 판결을 받았다. 재판부는 업무 소홀과 사망 사이에 인과 관계가 있다고 단정하기 어렵다고 보았다.[28] 2020년에도 경남 합천의 한 정신 병원에서 정신 질환자가 구타에 의해 사망한 사건이 일어났고, 이에 대해 당사자 단체들은 성명서를 발표하면서 다음과 같이 외쳤다. "폐쇄 정신 병원에서 자행되는 것은 치료가 아닌 감금이다!"[29]

강제 입원 경험은 정신 질환자에게 심각한 트라우마가 된다. 2018년 미국에서 정신 병원에 입원한 경력이 있는 사람들을 대상으로 조사한 결과, 전체 500명 중 절반 이상이 정신과 병동에서의 경험을 '트라우마'라고 답했으며, 37퍼센트는 강제적 치료를 포함한 신체적 학대를 당했다고 응답했다. 약 7퍼센트는 성적 학대를 당했다고 답했다.[30] 한국에서도 많은 정신 질환자들이 강제 치료 경험으로 인해 고통받는다. 정신 질환 당사자였던 박여리 씨는 정신 병원에서 영문도 모른 채 'CR룸'이라는 독방에 갇힌 경험을 생생하게 전달한다. 독방에 갇힌 채 온 신경이 다 할퀴어진 상태로 밤을 새워야 했고, 화장실에 보내달라고 하자 초록색으로 된 오줌통을 독방에 던져 준 것 또한 선명하다고 한다. 강제 치료의 고통은 매번 병원을 뛰쳐나오게 만들었고, 치료 중단은 병을 더욱 악화시키는 이유가 되었다.[31] 폐쇄된 병원에서 치료진이 가지는 절대적인 권력은 정신 질환자의 인권과 존엄을 심각하게 훼손할 수 있다.

특히 한국의 열악한 치료 환경은 인권 침해 문제를 더욱 심각하게 만든다. 전국 230여 개의 정신 병원 중 대다수가 군대 내무반을 연상케 하는 비좁고 과밀한 구조로 운영되고 있다. 정신 의료 기관의 입원 병실은 일반 의료 기관과 달리 다인 입원실 면적이 1인당 4.3제곱미터가 적용되고, 입원실당 최대 10개의 병상을 둘 수 있다. 일반 의료 시설의 경우 2015년 메르스 유행 이후 다인실은 1인당 6.3제곱미터, 병상 간 1.5미터 이상 이격 거리 확보, 입원실은 6인실을 초과하지 않도록 하는 등, 설치 기준 강화가 이루어졌다. 하지만 정신 의료 기관은 안전사고 방지를 이유로 예외가 인정돼 과거 기준이 여전히 유지되어 왔다. 급기야 코로나19 사태 때는 열악한 치료 환경으로 인해 첫 사망자가 발생하기에 이르렀다. 코로나19로 인한 집단 감염으로 청도대남병원에서는 확진자가 114명, 사망자가 일곱 명 발생하였으며, 제이미주병원에서는 135명이 확진 판정을 받고 그중 한 명이 사망했다. 모두 병원이라고 상상하기 어려운 환경이었다. 코로나19로 인한 사망자가 발생하고 나서야 정부는 정신건강증진 및 정신질환자 복지서비스 지원에 관한 법률(이하 '정신건강복지법')을 개정해, 정신 병원도 일반 의료 기관과 동일한 시설 기준을 지키도록 조치했다.

정신 질환자는 정신과적 증상으로 인한 고통만큼 힘든 치료 과정 속에서 말 그대로 살아남아야 한다. 중증 정신 질환자의 경우 강제적인 치료, 약물 치료의 고통, 열악한 치료 환경, 사회적 낙인과 차별 속에서 힘든 삶을 살아내야 한다. 실제로 정신 질환자의 초과사망률은 일반 인구의 네 배 이상, 퇴원 후 1년 이내 자살률은 인구 10만 명당 650명, 자살률은 전체 인구 대비 7.2배로 나타났다.[32] 이러한 맥락에서 정신 질환자들은 스스로를 '생존자'로 정의하기도 한다. 1970년대 미국에서 일어난 정신 질환 당사자 운동에서는 억압적인 정신 건강 서비스 체계에서 살아남았음을 의미하는 '생존자'로서의 정체성을 강조했다. 심각한 우울증으로 강제 치료를 경험한 후 정신 질환자 당사자 운동의 선구자가 된 주디 챔벌린Judi Chamberlin은 다음과 같이 이야기한다. "정신 병원 입원 경험은 의존과 약함을 조장한다. 환자들의 삶을 통제하는 것만이 아니라, 그러한 통제가 정신 질환자 자신을 위한 것이라고, 그렇게 할 수밖에 없는 것은 정신 질환 때문이라고 끊임없이 이야기한다. 정신 질환자들은 자신의 판단을 신뢰하지 못하게 되고, 스스로 결정하기 어렵게 되며, 권위에 과도하게 순종하게 되고, 바깥세상을 무서워하게 된다. 정신 병원 입원은 그 자체로 반치료적이다."

그들은 어쩌다 잠재적 범죄자가 되었나

국가인권위원회의 실태 조사에 따르면 정신 질환자에 대한 편견의 원인으로 '대중 매체를 통해 영향을 받았다.'가 가장 높은 응답률을 보였다. 이를 통해 대중 매체가 정신 질환에 대한 편견에 큰 영향을 끼치고 있음을 확인할 수 있다.[33] 국가인권위원회에서는 2009년부터 2018년까지 10년간 국내 6대 신문사의 정신 질환자에 대한 1662건의 기사를 분석해 100대 주요 키워드를 추출했다. 자료에 의하면 '치료', '정신 질환', '조현병', '입원', '경찰', '정신 병원', '사회', '범죄', '사건', '증상' '흉기', '살인', '여성', '관리' 등이 상위권을 차지하였으며 '정신건강복지법', '지원', '상담', '보호', '정신 건강의학과' 등의 키워드는 하위권에 머물렀다.[34] 이는 우리 사회가 정신 질환자에 대해 적절한 치료, 지원, 보호의 개념보다는 사건 및 사고 유발자이자 사회로부터의 격리가 필요한 사회 문제로 인식한다는 것을 간접적으로 보여 준다.

정신 질환에 대한 사회적 편견은 이들이 사회 속에 존재할 수 있는 자리를 빼앗는다. 정신 질환자의 범죄율은 전체 인구 범죄율의 10분의 1 수준에 불과하다는 조사 결과[35]와 정신 질환자의 폭력 행동은 증상보다 인격의 영향이 훨씬 더 크다는 연구 결과에도 불구하고, 여전히 언론과 대중은 조현병과 범죄를 연결 짓고 정신 질환자를 이웃으로 받아들이는 데

인색하다. 조현병 당사자·가족 단체인 '한국조현병회복협회 (심지회)'가 언론 모니터링을 통해 꼽은 대표적인 혐오 표현으로 '조현병 환자 사이코패스 성향 막으려면(헬스조선)', '시한 폭탄이 되어버린 조현병 환자(MBN)', '조현병 범죄 일상화 (KBS)', '강제 입원 주저하다 결국 조현병 범죄(JTBC)' 등이다. 해당 표현은 조현병 환자를 잠재적 범죄자로 낙인찍는 것이다. 우리 사회에서 정신 질환자가 된다는 건 일시적으로 정신적 고통을 경험하는 상태에 있다는 뜻이 아니라 사회적으로 배척당할 수 있고, 사회 구성원으로서 자신의 자리가 지워질 수 있으며, 어쩌면 원래 있던 자리로 평생 돌아갈 수 없다는 의미이기도 하다.

　　서구에서는 정신 질환에 대한 미디어의 영향력을 강조하며 국가적인 정책을 시행하고 있다. 영국의 경우 민간 차원에서는 2007년부터 '변화할 시간Time to Change'이라는 범국민 인식 개선 캠페인을 추진하고 있다. 대중 매체 언론 가이드라인을 만들어 배포하고, 공익 광고를 제작하며, 지역 사회에서 정신 장애인과 비장애인의 만남을 주선함으로써 정신 장애에 대한 부정적인 인식과 편견을 바꾸기 위해 노력하고 있다. 우리나라에서도 2022년 국가인권위원회에서 정신 질환자 편견 해소 및 인식 증진을 위한 정책을 권고했다. 정신건강복지법에 인식 개선 조항을 신설하고, 대중 매체를 활용한 공익 광고, 캠페인, 언론 모니터링, 언론인 대상 교육 등의 사업을 활성화하도록 권고했다. 같은 해 서울시정신건강복지사업지원단은 한국의학바이오기자협회 등과 함께 〈정신 질환자 보도 가이드라인 1.0〉을 발표했다. 주요 내용으로는 정신 질환과 관련된 용어 사용에 유의할 것, 기사 제목에 정신 질환 관련 언급을 최소화할 것, 정신 질환과 범죄의 인과 관계를 임의로 확정 짓지 말 것, 당사자 등 관련자의 의견을 포함하기 위해 노력할 것 등이 담겨있다.

WHO는 정신 건강을 단순히 정신 질환이 없는 상태 이상임을 강조한다. 정신 건강은 '한 개인이 자신의 능력을 실현하고 일상적인 삶의 스트레스에 대처하고 생산적으로 일할 수 있으며, 자신이 속한 지역 사회에 기여할 수 있는 안녕 상태'다. 정신 건강을 위해서는 개인 수준의 생물학적, 심리적 요인뿐만 아니라 사회적인 요인들이 복합적으로 작용한다. 빈곤, 교육 수준, 경제적 수준, 가족 관계, 학교나 직장 생활, 지역 사회 환경 등이 영향을 미친다.[36] 소득 불평등[37] 혹은 사회적 불평등[38]이 심화할수록 정신 건강 악화에 영향을 미친다는 연구들이 있으며, 경기 침체에 따른 긴축과 복지 정책의 변화가 국민의 정신 건강 문제를 늘리고, 정신 건강 문제는 실직의 문제에 영향을 미치면서 불평등 확대를 가져왔다는 연구도 있다.[39] 열악한 주거 환경이 정신 건강을 위협한다는 결과가 보고되기도 했으나[40], 아직까지 정신 건강을 현실의 구조적 문제와는 동떨어진 개인의 문제로만 바라보는 경우가 많다. 정신 질환의 원인을 한 개인의 생물학적 문제로만 치환하여 바라보고, 치료의 대상으로만 여기는 것을 '의료 모델medical model'이라고 칭한다. 정신 건강의 문제가 의료 모델 깔때기를 거치는 순간, 정신 질환을 둘러싼 다양한 사회적 요인들은 배제되고 오로지 개인의 생물학적 문제로만 귀결된다.

우리나라에서도 사회·경제적 박탈이 클수록 우울이 심각하다는 연구들이 이뤄졌지만[41], 정신 질환에 대한 사회·환경적 요인에 대한 관심은 여전히 부재하다. 의료 모델에 입각한 협소한 시각은 자살의 문제를 개인의 우울 문제로 치환하거나, 경쟁적인 입시 압박 속에서 늘어나는 청소년 정신 건강의 문제를 상담과 약물 치료로만 대응하게 한다. 2014년 발생한 세월호 참사와 같은 재난 희생자들에 대한 접근에서도 마찬가지다. 사랑하는 이의 죽음에 대한 애도 과정을 쉽게 외상 후 스트레스 장애PTSD로 규정해 버린다. 심지어 진상 규명과 책임자 처벌이 제대로 이루어지지 않음에 대한 분노를 정신과 치료의 대상으로만 접근하기도 한다. 피해자들의 의견, 지역의 정서와는 상관없이 외부에서 쏟아지는 치료적 접근은 오히려 피해자들의 고통을 가중했다. 정신 질환을 개인의 문제로만 바라보게 되면, 이는 특정한 개인의 무능력과 비정상의 문제가 되고, 손쉬운 차별의 근거가 된다. 우리 사회에서 정신 질환에 대한 편견이 심화하는 이유이기도 하다. 2019년 국가인권위원회의 실태조사 결과 정신 장애인 가족들은 10년 전보다 사회적 편견과 차별이 더 심해졌다고 느끼고 있으며, '복지 지원 확대(70.7퍼센트)'보다 '편견 해소(71.2퍼센트)'에 대한 국가 지원이 더 절실하다고 답했다.[42]

광장으로 나선 '미친 자'들

정신 의료 전문가들이 증상에 초점을 맞추고 사람보다 증상을 들여다보던 1970년대부터 미국과 영국 등지에서 정신 장애인 당사자 운동이 시작됐다. 흑인 민권 운동과 반전 운동에 영향을 받아, 정신 질환을 가진 사람들도 자신들의 목소리를 적극적으로 드러내기 시작했다. 핵심은 의료 모델에 대한 저항이었다. 정신 질환을 진단받은 이에게 강요되는 해로운 치료에 저항했으며, 스스로 자신들의 권리를 주장함으로써 사회적 변화를 주도했다. 여기에는 정신 질환을 다른 관점에서 바라볼 수 있도록 하고, 정신 병원의 실상을 대중에게 알리면서 정신 질환과 치료에 대한 논쟁을 담장 밖으로 이끌어 낸 사람들의 노력이 토대가 됐다.

스코틀랜드의 정신과 의사였던 로널드 데이비드 랭R. D. Laing은 1960년 출간한 책 《분열된 자기》에서 정신과적 도움을 구하는 사람들을 단순히 정상에서 벗어난 비정상이나 환자로만 볼 것이 아니라, 자신과 세계 사이의 관계에서 불화와 분열을 경험한 사람으로 이해하자고 제안했다. 이 제안은 반정신의학 운동Anti-Psychiatry Movement에 불을 지폈다. 1962년에는 일 년 동안 정신 병원에서 보조원으로 일했던 미국의 작가 켄 키지Ken Kesey가 실제 경험을 바탕으로 쓴《뻐꾸기 둥지 위로 날아간 새》가 출간됐다. 책 출간 이후 치료와 치유의 공간이 아닌 감금과 격리의 공간이 돼버린 정신 병원과 정신 질환자들의 인권 문제에 사회적 관심이 고조됐다. 여기에 당시의 여성 운동, 성소수자 운동 등 인권 운동의 영향이 더해지면서 정신 질환을 가진 사람들도 빼앗겼던 목소리를 찾고 말하기 시작했다.

1970년 미국에서는 '오리건 정신 질환자 해방 전선Oregon Insane Liberation Front'이 최초의 당사자 단체로 설립됐다. 이후 다양한 지역에서도 모임이 만들어졌다. 1972년에는 '정신 질환자 네트워크 뉴스Madness Network News'라는 뉴스레터가 발간되면서 당사자 운동이 보편적 방향으로 확장됐다. 초기의 당사자 운동은 정신 의학을 반대하고 '매드 프라이드Mad pride'를 내세우며, 사회가 자신들의 독특함을 인정하고 받아들여야 한다고 주장했다. 또한 당사자가 자신의 삶과 치료에 통제력을 가지고 선택할 수 있는 권리를 요구했다.

매드 프라이드 운동은 정신 장애인에 대한 차별과 낙인에 저항했다. 정신 장애인 단체들은 자신들이 병든 존재가 아니라고 주장하며 '매드mad'를 하나의 정체성으로 내세웠다. 정신적 고통을 경험한 당사자들에게는 정신과 진단명과 같은 꼬리표가 붙고, 그들의 목소리와 경험, 지식은 의미가 없는 것으로 무효화된다. 대중들은 정신 질환자를 '미쳤다'고 비하한다. 매드는 이러한 관행과 패러다임에 정면으로 도전한다. 당사자들은 경멸과 비하의 의미로 사용되는 매드를 새롭게 쟁취해 정신 질환자를 향한 억압과 차별에 맞선 저항의 정체성으로 내세웠다. 매드 정체성은 '퀴어Queer'라는 용어가 성소수자 운동의 맥락에서 재탄생한 것과 유사하다. 퀴어는 '괴상한'이라는 의미로 과거 동성애자를 가리키는 멸시적인 속어였으나, 1980년대 미국의 급진적인 동성애자 인권 운동에서 이 용어를 전복적인 방식으로 사용했다. 오늘날 퀴어에 덧씌워진 부정적 의미는 사라졌다. 매드 또한 전문가의 의료적 담론과 사회적 낙인에 저항하며 당사자 중심의 서사를 만들고자 하는 시도다.

정신 질환 당사자들은 매드 프라이드를 통해 혐오에 맞서 광장으로 나섰다. 매드 프라이드는 당사자 스스로 목소리를 내 자신들의 권리와 가치 있는 경험을 대중에게 알리고, 광기를 경험한 사람에게 가해지는 억압과 폭력을 알리는 것에

중점을 뒀다. 이 퍼레이드는 1993년 캐나다 토론토에서 처음 시작돼, 현재는 호주, 남아공, 미국, 영국, 가나, 브라질, 독일, 프랑스 등 다양한 국가에서 진행되고 있다. 매드 프라이드는 다양한 당사자의 의견을 존중한다. 같은 정신 질환자이더라도 정신병이라는 낙인에서 벗어나는 것이 목표인 사람이 있는가 하면, 약물로 정신병을 치료할 필요가 없다며 의료 체제가 제공하는 치료를 대체할 방법을 모색하는 사람도 있다. 매드 프라이드의 의의는 정신적 고통을 안고 살아가는 사람에게 한 가지 접근법만 주어지는 게 아니라는 것을 알리는 데 있다. 사람들은 스스로 선택할 수 있는 권리가 있다. 영국의 연구자인 패트릭 브래컨Patrick Bracken과 필립 토마스Philip Thomas는 매드 프라이드가 정신 의학을 개선하거나 강제성에 대항하는 것을 넘어서, '광기'와 '정상성'의 인식에 대한 사회적·문화적 변화를 도모하는 광범위한 목표를 갖는다고 말했다.[43] 광기는 정신 질환에 대한 사회적 신념, 가치, 자아감, 합리성에 관한 생각, 개성에 의문을 제기한다. 매드 프라이드의 핵심적 담론은 광기에 대한 관점을 바꾸는 것에 있다. 즉, 질환으로서 광기를 바라보는 관습적인 이해에서, 광기가 정체성과 문화의 근거가 될 수 있다는 인식으로 전환하는 것이다.

한국에서는 2010년대에 들어서 '정신장애인권연대 Korean Alliance for Mobilizing Inclusion·KAMI'와 같은 당사자 활동이 시

작됐다. 당사자가 주도하는 운동은 크게 두 흐름으로 본격화
됐다. 하나는 정신 건강 기관에서 시작된 당사자 중심 활동의
일환이다. 2006년 이후 몇몇 정신 건강 기관은 정신 질환자
를 대상으로 한 리더십 훈련 프로그램과 동료 지원 활동 등을
시작했다. 여기에 참여한 정신 질환 당사자들이 모이고, 연대
하며, 역량을 강화하는 과정을 통해 조직화됐다. 또 다른 흐름
은 2000년대 중반부터 활발해지기 시작한 온라인 활동이다.
당사자들은 인터넷 카페로 시작해 점차 오프라인으로도 정기
적인 모임을 갖게 됐다. 이 과정에서 서로의 경험과 생각을 공
유하며 단체로 발전했다.

　　조직화한 당사자 단체들은 강제 입원을 폐지하기 위해
헌법 소원을 청구했다. 이후 정신보건법 폐지 운동, 정신보건
법 전부개정법률 반대 운동을 거쳐 정신 건강 정책에 자신들
의 목소리를 적극적으로 내기 시작했다. 또한 정신 장애 전문
언론인《마인드포스트》는 정신 질환을 비하하거나 편견을 조
장하는 미디어의 개선을 요구하고 있다.《마인드포스트》는
2018년, "우리를 빼고 우리를 이야기하지 말라"는 선언과 함
께 정신 질환 당사자 기자들이 모여 창간한 대안 언론이다. 정
신 질환자들은 그동안 진단명 밖의 삶을 이야기할 기회를 부
여받지 못했다.《마인드포스트》는 정신 질환자들의 삶의 이
야기, 그리고 그들의 눈으로 바라본 세계를 그대로 전하고자

한다. 《마인드포스트》는 2021년 개봉한 영화 〈F20〉이 정신 질환자를 예비 범죄자로 보는 편견을 조장한다고 문제를 제기했다. 공영 방송인 KBS에서 〈F20〉을 방영하려 하자 항의 방문과 기자회견 등을 통해 이를 취소시켰다. 누군가에겐 흥미진진한 스릴러일 수 있지만, 조현병 당사자와 가족에게는 사회적 편견의 칼날이 될 수 있음을, 당사자들 스스로 목소리를 냈다. 그 외에도 당사자 단체들은 제도적 개선과 동료 지원 등 직접적 서비스 제공에 참여했고, 문화 예술 활동을 통한 사회적 인식 개선 활동 등을 진행했다. 장애나 여성 운동과 마찬가지로 정신 질환자들도 이제 당사자가 정책, 서비스, 그리고 담론의 주체가 되어 당사자 관점에서의 변화를 만들어가고 있다.

최근에는 정신적 고난을 경험한 많은 당사자들이 자신의 경험과 서사를 공유하고 있다. 양극성 정신 장애를 경험한 당사자의 이야기인 《삐삐언니는 조울의 사막을 건넜어》부터 거식증을 경험한 당사자의 《삼키기 연습》, 조현병 당사자의 이야기가 담겨 있는 《질병과 함께 춤을》까지 다양한 경험이 공유됐다. 당사자의 목소리는 분명히 존재했다. 지금까지 쉽게 드러나지 않았을 뿐이다. 이제는 다양한 당사자의 목소리가 사회를 향해 표출되고 있다. 이들은 정신 질환을 드러내는 것에서 나아가 정신 질환이 삶에 미치는 긍정적인 효과를 드러내기도 한다.

정신 건강 서비스 소비자 운동을 펼치고 있는 기업 '멘탈헬스코리아'의 장은하 부대표는 우울증으로 소중한 것들을 잃었지만, 끝없는 밑바닥에서 애써 외면했던 삶의 진실을 마주했다고 말했다.[44]

> "우울은 그동안 당연하게 여겼던 것들에 의문을 품게 했고, 삶의 우선순위를 바로잡아 목표를 다시 세우게 했다. 분노와 복수심은 자신과 타인을 해치는 부정적인 에너지로 표출되기도 하지만, 성공을 향한 강한 열망의 에너지로 바뀌어 긍정적으로 발현되기도 한다. 우울에도 에너지가 있다. 우울은 사람의 에너지를 깡그리 앗아가는 듯 보이지만, 동시에 이전과는 전혀 다른 삶을 개척하는 영감과 통찰을 제공하기도 한다."

정신 질환자들은 막다른 길에서 만난 '나'라는 존재를 보듬고, 발병 이전이 아닌 새로운 삶을 향한 여정을 시작하고 있다. 이들은 그 치열한 여정에 우리 사회가 아주 조금만 더 곁을 내주어주기를 바란다.

치료를 넘어 회복으로

미국의 정신과 의사인 대니얼 피셔Daniel Fisher 박사는 의료 모델과 사회적 편견에 맞서 정신 질환자의 권익 옹호 활동을 전 개했던 대표적인 인물이다. 그는 20대 초반 미국 위스콘신대 학교에서 생화학 박사 학위를 취득하고 '미국 국립정신건강 연구원NIMH'에서 세로토닌과 같은 신경 전달 물질을 연구하 며 정신 질환의 화학적 원인을 밝혀내기 위해 노력했다. 그는 정신 질환이 사람의 뇌에 있는 생화학적 불균형 때문에 발생 한다고 확신하던 화학자였다. 전문가가 처방한 약물만이 조 현병 진단을 받은 사람의 뇌를 고칠 수 있고, 환자가 할 수 있 는 일은 전혀 없다고 생각했다. 기계가 스스로를 고칠 수는 없 는 것과 같다고 본 것이다.

피셔가 25살이 되던 해, 그는 조현병 증상으로 인해 첫 번째 입원을 했다. 정신 질환을 고칠 것이라고 그토록 확신하 던 약물을 직접 복용한 후에 그의 생각은 바뀌었다. "우리의 정신은 우리 뇌의 물질적 요소로 단순히 환원될 수 없다. 우리 정신을 분자로 환원하는 행위는 인간을 로봇 같은 객체로 바 꾸는 것이며 우리를 죽이는 일이다. 약물은 타인과 관계 맺기 를 하고, 치유하고, 삶을 회복하는 자신의 역량에 접근할 수 있도록 도와줄 뿐이다."[45] 이후 피셔는 두 차례의 입원을 더 거쳤다. 이 과정에서 그는 중요한 것을 깨달았다. "회복에서 가장 중요한 것은 나 자신과 주변 사람들이 인격적으로 만나 고, 자신을 더욱 잘 알아가며, 존중받는 경험을 하는 것이다."

피셔는 정신과 의사가 되어 회복은 약이 아니라 관계에서 온다는 것을 알리고, 그런 치료 환경을 만들겠다고 다짐했다.

치료와 치유는 서로 연결되어 있지만 엄연히 별개다. 치료는 의료 전문가가 병이나 상처의 완화나 제거를 위해 개입하는 행위로서, 특정한 증상이나 질병의 치료법을 찾아 시행하는 것이다. 정확한 정의와 분류, 엄밀한 측정과 엄격한 통제를 통해 치료제를 찾아내고 처방하는 것으로, 감염병을 비롯한 급성 질환에 매우 효과적이다. 반면 치유는 섬세하고 개인적인 과정이다. 치유는 잘 살고 있다는 느낌과 관련이 있기 때문에 자신에게 가장 의미 있는 일을 하는 것이 중요하다. 특정한 증상이나 질병의 치료법을 찾는 것에 그치지 않고 기쁨과 만족감을 주는 활동을 찾아내 거기에 적극적으로 참여하는 것과 관계가 있는 것이다.[46] 치유를 위해서는 육체·행동·관계·영적 차원으로 구성된 전인적 관점으로 접근해야 한다. 모든 것이 통합적으로 균형을 이룰 때 인간은 온전함을 경험할 수 있다. 온전함을 찾아가는 개별적인 치유 과정의 주체는 의료 전문가가 아닌 당사자일 수밖에 없다. 정신 약물은 정신 질환 치료의 일부로서 매우 유용하지만, 약만으로 온전한 정신을 얻을 수는 없다.

정신 질환에서는 치유를 회복recovery이라 칭한다. 이때 회복은 환청, 망상 같은 증상의 회복을 말하지 않는다. 그보다는 삶의 회복과 가깝다. 정신 질환자는 정신 질환만 갖고 있지 않다. 그들은 개인의 성장 배경, 가족과 교우 관계, 성격, 교육 수준과 사회적 능력, 고유한 가치관과 영성에 정신 질환이 더해져 살아갈 뿐이다. 정신 질환이 생긴다고 해서 개인의 상황과 가치관이 사라질 수 없다. 이 모든 것을 가리고 오로지 정신 질환만으로 개인을 설명해서도 안 된다. '증상'과 '증상을 가지고 살아가는 삶'도 같을 수 없다. 증상이 매우 심각한 짧은 순간의 급성기를 제외하면 정신 질환을 가진 사람들이 항상 증상에 시달리는 것도 아니다. 사람은 증상을 통제하고 관리하며 살아가는 주체이기도 하다. 그럼에도 사회는 정신 질환을 가진 '사람'을 보기보다는 증상을 먼저 살피고, 증상과 사람을 동일시하기까지 한다.

당사자 운동은 정신 질환자를 단순한 '조현병, 조울증 환자'가 아닌, '한 사람'으로서 바라본다. 이를 통해 당사자의 살아있는 목소리를 공유할 수 있기를 바란다. 이러한 목소리가 오가는 공간은 다양한 억압과 차별 속에서 삭제되고 외면받던 당사자의 '삶'에 대해 다시 한번 생각하게 만들어 주는 중요한 곳이다. 자율, 유능, 관계, 안전이 없으면 인간은 정신적으로 건강할 수 없다. 이 모든 것을 가려두고 약으로 정신적 안정을 얻기를 바란다면 그건 인간을 영적이고 유기적 존재로 보는 것이 아니라 고장 난 기계로 바라보는 것이다.

2013년 WHO는 〈정신건강행동계획(2013~2020)〉에서 지역 사회에 기반을 둔 정신 건강 서비스의 핵심 목표를 다음과 같이 제시했다. "지역 사회 기반의 정신 건강 서비스는 회복 지향의 접근이어야 하며, 이는 정신 장애를 가진 당사자의 열망과 목표를 성취할 수 있도록 지원해야 한다."[47] 이제 정신 건강 정책과 서비스는 '어떻게 치료해서 병을 낫게 할 것인가'에서 '정신 질환자가 지역 사회 안에서 건강하게 살아갈 수 있도록 지원하는 것'으로 초점을 바꿔야 한다. 증상의 제거를 우선하는 치료가 아닌 당사자가 원하는 삶을 살아가는 것을 돕는 치료, 그리고 치료에 삶이 종속되는 것이 아니라 삶을 위한 치료가 되는 것이 진정한 회복이다. 언제나 증상이 아니라 삶이 중요하다.

연결에서 시작되는 회복의 여정

정신 질환을 회복한 많은 당사자들은 회복의 출발을 '관계'라고 이야기한다. 자신을 믿고, 지지하며, 기다려 주는 단 한 사람이라도 있으면 회복의 희망을 가질 수 있다. 정신 질환로서의 내가 아닌 '있는 그대로의 나'를 마주하는 친구, 치료의 과정을 함께 견뎌주는 가족, 마음의 상처까지 들여다보고 공감해 주는 전문가가 있을 때 비로소 치료가 아닌 회복이 시작된다. 일본의 정신과 의사 나쓰카리 이쿠코는 조현병을 가진 엄

마의 딸로 태어나 힘든 어린 시절을 보내고, 의과 대학 재학 시절 정신 병원에서 여러 차례 입원 치료를 받으면서 어렵게 정신과 의사가 되어 평생을 정신 질환자를 치료해 왔다. 이러한 삶의 경험을 바탕으로 그녀는 저서 《사람은 사람으로 사람이 된다》에서 이렇게 말한다.

"정신과 의사로서 말할 수 있는 사실이 있다. 그 정답은 약이 아니라는 것이다. 한 사람이 경험한 기억과 감정까지 완전히 없었던 것으로 만들어줄 수 있는 약은 세상 어디에도 없다. 사람에게 받은 슬픔도, 사람과의 관계에서 생긴 미움과 허무함도, 결국 사람과의 관계를 통해 회복되었다. 사람은 사람으로 사람이 된다."[48]

조현병을 가진 박목우 작가는 망상으로 스스로를 방에 가둔 지 5년이 흘렀을 때 훌쩍 한진 중공업 파업에 참여하기 위한 '희망버스'를 탔다. 삶을 이어가는 힘이 알고 싶어 무작정 오른 길이었다.[49] 박목우 작가는 그곳에서 혼자 희망버스를 타고 온 사람들을 챙겨주던 이들과 크레인에서 손을 흔들어주는 김진숙 노동운동가를 만났다. 모르는 사람들과 나눈 대화 속에 웃음이 오갔고, 그곳에서 마셨던 따뜻한 커피의 온기는 아주 오랫동안 남았다. 5년 만에 처음으로 마주친 환대였다. 약 부작용으로 35킬로그램이 넘게 살이 쪘지만 그런 사실이 부끄럽지 않았다. 단지 그들 가운데 하나이고 싶었다. 박목우 작가는 그곳에서 '한국정신장애인자립생활센터'를 소개 받았다. 센터에서 자신과 같이 정신적 고통으로 힘들어하는 사람들을 만났다. 비슷한 경험을 한 사람들 속에서 환청과 망상이 더 이상 증상이나 낙인이 아닌 소통의 통로가 될 수 있음을 알았다. 증상이라고 불리는 것들이 각자에게는 존중 받아야 할 현실임을 깨달았다. 같은 정신적 고통을 안고, 사회 속에서 같은 경험을 하며 살아가는 사람들과의 관계를 통해 비로소 위안과 평안을 얻을 수 있었다.

회복은 사람들과 의미 있는 사회적 관계를 다시 만드는 과정이다. 섬처럼 고립된 상태에서 회복은 일어날 수 없다. 회복의 여정은 사람들과 다시 연결되는 과정이다. 결국 회복 지원에서 가장 중요한 첫걸음은 정신 질환자들이 고립에서 벗어나 다시 사람들과 연결될 수 있도록 돕는 것이다. 이러한 관계 맺기에서 꼭 필요한 사람이 동료 지원가다. 동료 지원가는 정신 질환으로 인한 치료와 회복의 경험을 가진 당사자가 공통의 어려움을 겪고 있는 동료에게 상호 간의 지지를 제공하는 전문가다. 동료 지원가는 이미 상처를 입고 치유하는 과정을 겪었다. 이들은 유사한 고통을 겪는 정신 질환자에게 동료로 다가간다. 치유의 경험을 공유하는, 상처 입은 치유가라고 표현할 수 있다.

오랜 시간 우리 사회는 정신 질환을 감추거나 고치거나

교정되어야 할 상태로만 바라봤다. 정신 질환의 경험이 다른 사람을 돕는 치유의 원천이 될 수 있다고는 생각하지 못했다. 정신 질환을 가지고 잘 살아가는 데 최고의 전문가는 이미 그렇게 살아본 사람이다. 같은 어려움을 가진 사람들을 돕는 동료 지원가는 증상, 치료, 회복이라는 삶의 과정에서 경험의 전문가가 된다. 미국 등 서구에서는 이미 2000년대 이후 동료 지원가 전문 자격 과정을 만들고, 정신 의료 기관 및 지역 사회 기관에서 이들을 정식으로 고용한다. 우리나라도 2010년 이후 일부 정신 건강 기관에서 시작하여, 2021년에는 국립정신건강센터에서 표준화된 동료 지원가 양성 과정을 개발했다. 훈련받은 동료 지원가가 정신 건강 기관에서 실제로 역할을 할 수 있는 제도화의 첫걸음을 뗀 셈이다.

복지 사각지대

2000년 장애인복지법이 개정되면서 장애 유형에 '정신 장애'가 포함되었다. 조현병, 반복성 우울 장애, 양극성 정동 장애 등의 진단을 받고, 일 년 이상의 지속적인 치료 후에도 일상생활 혹은 사회생활에 장애가 있는 경우 장애 등록이 가능하다. 2021년에는 강박 장애, 뚜렛 장애, 기면증으로 인한 정신 장애도 정신 장애 기준에 추가됐다. 정신과 진단을 받은 사람들 중에는 단기 치료를 통해 일상을 회복하는 경우도 있지만, 일상생활의 기능 장애로 인해 사회적 지원을 필요로 하는 사람들도 있다. 이들은 장애 등록을 통해 장애인 복지 제도나 서비스를 이용할 수 있다. 물론 지속적인 기능 장애가 있다 해도 스스로를 '장애'로 인정하지 않는 사람들도 있다. 이들은 자신의 고통을 '치료되어야 할 일시적 증상'으로 받아들일 뿐, 영구적인 손상으로서의 '장애'로 인식하는 것에는 거부감을 표한다. 실제로 정신 장애인의 등록률은 2017년 기준 86.2퍼센트다. 이는 전체 장애인의 등록률인 94.1퍼센트보다 낮은 수준이다. 그럼에도 정신 질환 당사자들은 스스로를 '정신 장애'로 정의하기를 원한다. 이는 장애를 바라보는 사회적 모델에 근거한다.

장애는 일반적으로 비정상적인 신체적·정신적 손상 또는 무능력으로 인하여 '정상적인' 활동에 참여할 수 없는 사람들의 집단을 의미한다. 이는 의료 모델의 관점이다. 하지만 학문으로서의 장애학[50]은 이러한 장애의 일상적 의미를 전복한다. 장애학은 사회 활동을 수행하는 데 있어 손상을 지닌 사람들의 무능력이 다수자인 비장애인에 의해 구축된 장벽의 결과라고 역설한다. 즉, 장애를 가져오는 것은 시설 수용, 노동 시장으로부터의 배제, 접근할 수 없는 물리적 환경 등 장벽을 만들고 제약을 가하는 사회·문화·물리적 구조다.[51] 이를 장애의 사회적 모델이라 칭한다. 사회적 이슈가 되고 있는 장애인 이동권 투쟁도 같은 맥락에서 이해할 수 있다.[52] 의료 모델에서 장애인의 이동권은 손상된 신체를 치료해 이동권을 확보할 수 있도록 기능을 향상하는 것에 초점을 둔다. 반면 사회적 모델은 장애인이 사회적 활동을 수행할 때 부정적인 영향을 미치는 사회적 환경에 주목한다. 사회적 모델 관점에서는 장애인의 이동권을 확보하기 위해 그들의 자유로운 이동을 가로막는 턱이나 계단 등의 사회적 장벽을 허무는 것에 초점을 둔다.

정신 장애 또한 의료 모델로 바라보게 되면 모든 어려움은 '개인'에게 귀결된다. 이는 정신 장애인 개개인의 노력이 필요하다는 논리로 이어진다. 여기서 정신 질환자의 '개인의 노력'은 정신과 약물을 복용하는 것, 치료를 받는 것을 포함한다. 정신 질환을 개인의 책임으로만 바라본다면 '노력도 내 몫, 책임도 내 몫, 그에 따른 결과도 내 몫'이 되어 버린다. 하지만 사회적 모델은 여기에 문제를 제기한다. '그렇다면 사회는 도대체 무슨 노력을 하고 있는가?' 사회적 모델은 사회가 개인의 손상에 장애의 책임을 돌리면서, 배제와 차별을 전제하는 시스템은 방관하고 있다고 비판한다. 중요한 것은 증상에 대한 치료만이 아니다. 장벽을 만들고 제약을 가하는 사회 제도를 함께 개선하기 위한 정당한 편의 제공과 사회적 지원 등이 수반돼야 한다.

장애에 대한 사회적 모델은 2001년 WHO가 채택한 '국제장애분류International Classification of Function·ICF'에 반영되었다. 장애는 개인의 능력뿐만 아니라 활동과 사회 참여를 제약하는 사회·환경적 문제로 규정됐다. 이에 따라 장애에 대한 접근에 치료와 재활 서비스를 넘어 사회 제도 개선까지 포함됐다. 이후 2006년 채택된 UN 장애인권리협약은 인권 모델 관점을 취했다. 인권 모델은 사회적 모델에서 한 걸음 더 나아갔다. 장애인 당사자의 의사와 자기 결정권을 강조하며, 장애인을 위한 최선의 원칙이 아닌, 당사자의 의사와 선호를 우선시하고 있다. 장애인권리협약을 논의하는 과정에는 국제 정신 장애 당사자 단체인 '세계정신과생존자네트워크The World Network of User and Survivors of Psychiatry·WNUSP'도 함께 참여해 정신 장애인의 인권 이슈를 반영할 수 있었다. 장애에 대한 국제적 기준이 발전하는 만큼 한국의 장애인 정책 또한 빠르게 변해왔다. 1981년 심신장애자복지법 제정, 1989년과 1999년 장애인복지법 전면개정, 1990년 장애인고용촉진 등에 관한 법률 제정, 2007년 장애인차별금지 및 권리구제 등에 관한 법률 제정, 2011년 장애인활동지원에 관한 법률 제정, 그리고 1998년부터 2022년까지의 다섯 차례에 걸친 장애인정책종합계획 시행까지 진행됐다. 한국 사회 역시 장애인의 복지, 고용, 권리 옹호, 사회 활동을 지원하기 위한 제도와 서비스를 발전시켜 왔다.

정신 장애는 2000년 장애인복지법 개정으로 장애 유형에 포함됐지만 장애인 복지 체계 내에서도 여전히 차별받고 있다. 대표적인 것이 2022년에서야 삭제된 장애인복지법 제15조다. 이 조항은 정신 장애인에 대한 복지 서비스를 정신건강복지법에 위임하고 있다. 하지만 정신건강복지법은 사실상 치료와 재활에 대한 법으로, 복지 지원은 전혀 이루어지지 않고 있다. 정신 장애인의 복지는 장애인복지법과 정신건강복지법 모두로부터 배제된 사각지대에 놓여있었던 셈이다. 정신 장애 당사자 단체들의 지속적인 요구로 장애인복지법 제15조는 폐지되었으나, 여전히 장애인 복지 체계에서 정신 장애에 대한 지원은 실체적인 내용이 부재하다. 대표적으로 활동 지원 서비스를 예시로 들 수 있다. 활동 지원 서비스는 장애인의 일상생활이나 사회생활을 활동지원사가 보조함으로

써 장애인의 실제적인 사회 참여를 보장하는 서비스다. 정신 장애의 경우 이 서비스를 제공받기 어렵다. 그 이유는 활동 지원 서비스의 자격 요건 때문이다. 자격 요건을 판정하는 종합 조사표는 기능 제한, 사회 활동, 가구 환경 영역으로 구성되어 있다. 그중 정신 장애인에게 중요한 인지 행동 특성 영역 점수는 최고점이 94점으로 전체 기능 제한 총점 532점 중 매우 일부분에 해당한다. 사실상 정신 장애로 인해 활동 지원 서비스를 받기는 매우 제한적인 셈이다. 신체가 불편해 대중교통을 이용하기 어려운 것은 사회적으로 용인되지만, 환청과 망상, 공포로 인해 버스를 탈 수 없는 정신 장애는 인정하지 않는다. 신체 장애에 대해서는 의료적 치료와 재활 외에 휠체어, 활동 지원, 이동 지원, 편의 시설 설치 등의 사회적 지원이 이루어지는 반면, 정신 장애에 대해서는 여전히 치료와 재활이라는 개인의 회복에만 초점이 맞춰져 있다.

정신 장애에 대한 사회적 지원의 부재는 정신 장애인의 삶에 그대로 영향을 미친다. 2020년 보건복지부의 장애인 실태 조사 결과는 참담한 수준이다.[53] 정신 장애인은 전체 장애에 비하여 기초 생활 수급권자 비율은 세 배가 많고, 취업률은 5분의 1 수준이며, 장애로 인해 차별받고 있다고 느끼는 경우는 두 배 가까이 된다. 정신 장애를 개인의 문제로 받아들인 결과, 정신 장애인의 삶은 여타 장애에 비해서도 훨씬 열악한

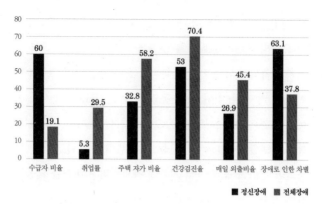

* 보건복지부, 〈2020년 장애인 실태 조사〉 재구성

상황이다. 개인화된 치료 과정 속에서 잊히는 것은 정신 장애인의 평범한 삶이다. 살고 싶은 곳에서 살아가고, 원하는 직장을 얻고, 의미 있는 사회생활에 참여하며, 다양한 이들과 관계를 맺는 평범한 일상의 권리가 사라지고 있다.

약이 아닌 집을 달라

1970~1980년대 미국에서 일어난 당사자 운동의 구호 중 하나는 "할돌이 아닌 집Housing Not Haldol"이었다. 할돌haldol은 대표적인 정신병 치료 약물이다. 정신 질환 당사자들은 자신들에게 약만을 강요하지 말고 살아갈 집을 달라고 외쳤다. 이미 서구에서는 고용, 주거, 일상 지원 등의 사회적 제도 및 서비스

가 정신 건강 체계와 유기적으로 연계돼 있다. 영국의 경우 '커뮤니티 케어Community Care'를 통한 지역 사회 통합 돌봄 체계가 구축되어 있다. 정신 질환자의 경우 금전 관리, 교통수단 이용, 주거 지원, 취업 훈련, 동료 상담 등, 치료 외의 사회 서비스가 필요한 경우 '돌봄 프로그램 접근Care Program Approach'을 통해 의뢰할 수 있다. 건강 수준, 자기 관리, 네트워크, 욕구 등 포괄적 평가를 통해 자격 기준에 부합하면 서비스를 제공받을 수 있다.

한국의 경우 지역 사회에서 자립적으로 살아갈 수 있는 사회적 지원이 상당히 부재한 상황이다. 이 때문에 많은 정신 질환자들이 병원에서 삶을 이어 간다. 2019년 국가인권위원회의 실태조사에 따르면, 퇴원이 가능함에도 불구하고 장기 입원하는 환자의 상당수는 가족이 퇴원을 거부하거나 부재하기 때문인 것으로 나타났다. 2018년 정신 장애인을 대상으로 한 설문 조사에서도 정신 의료 기관에서 퇴원하지 않는 이유 1위는 '퇴원 후 살 곳이 없기 때문(24.1퍼센트)'이었다. 퇴원 후 돌아갈 수 있는 집이 있는지 없는지가 정신 의료 기관 입원 기간에 직접적인 영향을 미치고 있다.[54]

2019년 경기도 화성에서 시작된 '지역 사회 통합돌봄 시범사업'은 사회적 지원이 정신 장애인의 삶에 불러올 수 있는 변화의 가능성을 보여줬다. 해당 돌봄 사업을 통해 정신 장애인에게 주거와 일상 지원 등의 서비스가 통합적으로 제공되었다. 지원(가명) 씨는 화성시 지역 사회 통합돌봄 사업을 통해 삶에 전환을 맞았다. 지원 씨는 50대 여성으로, 조울증 진단을 받았다. 가족들과의 계속된 갈등으로 2년 간 컨테이너에서 혼자 살았다. 생계를 유지하기 위해 노숙과 일용직을 전전했고 치료를 제대로 받지 못해 죽음까지 생각했다. 지원 씨는 정신 건강 복지 센터의 의뢰로 치료를 받기 시작했다. 지원 씨와 같이 주거지가 없고, 가족들이 돌봄을 거부하는 상황에 놓인 정신 질환자는 대부분 오랜 시간 입원하며 주거를 해결해야 한다. 다행히 지원 씨가 살고 있는 화성시에서 통합돌봄 시범사업이 시작됐고, 정신 질환자를 위한 지원 주택이 제공됐다. 지원 씨는 처음으로 자신의 집을 갖게 되었다. 집의 힘은 생각보다 강했다. 지원 씨는 일상생활 지원을 통해 직접 요리를 해 먹고, 낮 동안 재활 서비스를 이용하며 사람들과 관계를 맺기 시작했다. 직접 미래에 대한 계획도 세울 수 있었다. 생활이 안정되자 지원 씨는 증상도 조절할 수 있었고, 무엇보다 본인의 삶에 대한 책임감을 갖게 되었다. 집으로 배달된 우편물에 적힌 자신의 이름을 보며, 지원 씨는 비로소 자신이 이 사회 속에 소속되어 있음을 느낀다고 말했다.

세상을 바꾸는 것으로

장애를 바라보는 사회적 모델은 묻는다. 정신 질환자의 독립적이고 주체적인 삶을 방해하는 것은 무엇인가? 개인이 가지고 있는 손상인가? 아니면 물리적, 사회적 장벽을 형성하고 다양한 관계를 가로막는 사회인가? 이제는 개인을 바꾸는 것에서 세상을 바꾸는 것으로 생각을 전환해야 한다. UN 장애인권리협약은 다음과 같이 말한다.

> "장애는 발전하는 개념이며, 다른 사람들과 동등한 기초 위에서, 완전하고 효과적인 사회 참여를 저해하는 태도 및 환경적인 장벽과 손상을 지닌 개인과의 상호 작용으로부터 야기된다는 것을 인정한다. (…) 지역 사회의 전반적인 안녕과 다양성에 대한 장애인들의 가치 있는 현재의 기여 및 잠재적 기여를 인식하고, 장애인의 인권과 기본적 자유의 완전한 향유와 장애인의 완전한 참여의 증진이 장애인의 소속감을 강화시키고 사회의 인적, 사회적, 경제적 발전과 빈곤 퇴치에서 상당한 진보를 가져올 것이다."

WHO는 UN 장애인권리협약을 정신 건강 정책에 반영하기 위해 '퀄리티라이츠QualityRights'라는 지침을 제시한다. 퀄리티라이츠의 핵심 가치는 인권기반Right-based, 사람중심Personcentered이며, 지역 사회 중심의 서비스 구축을 강조한다. 퀄리티라이츠는 전통적인 정신 건강 서비스가 진단, 약물, 증상에만 초점을 두었을 뿐, 빈곤, 차별, 실업, 사회적 안전망 등 사회적 요인은 간과하였음을 비판한다. 정신 질환에 대한 접근이 사회 서비스와의 연계 없이 의료 체계 내에서만 이뤄진다면 결코 정신 질환자의 배제 문제와 인권 침해를 해결할 수 없다. 개인을 바꾸는 것에서 세상을 바꾸는 것으로 나아가야 한다. 정신 질환자는 예비 범죄자도, 사회로부터 격리해야 하는 대상도 아니다. 각종 사회적 차별과 편견을 넘어 정당한 복지 권리를 보장하기 위한 움직임이 필요하다.

함께 서는 자립

외로운 생존이 아닌

장애인권리협약 제19조

이 협약의 당사국은 다음에 대한 보장을 포함하여 모든 장애인이 다른 사람들과 동등한 선택권을 가지고 지역 사회에서 살 수 있는 동등한 권리를 인정하고, 장애인의 이러한 권리와 지역 사회의 완전한 통합 및 참여의 완전한 향유를 촉진하기 위한 효과적이고 적절한 조치를 취한다.

(a) 장애인은 다른 사람들과 동등한 기초 위에서 거주, 거주지 및 동거인에 대한 선택의 자유를 가지며 특정한 주거 형태에서 살도록 강요받지 않는다.

(b) 장애인은 지역 사회에서의 생활과 통합을 지원하고 지역 사회로부터 소외 또는 격리되는 것을 예방하기 위한 개인적인 지원을 포함하여, 다양한 형태의 가정 내, 거주지, 그리고 기타 지역 사회 지원 서비스에 접근할 수 있다.

(c) 대중을 위한 지역 사회 서비스와 시설은 동등한 기초 위에서 이용 가능해야 하며 장애인의 욕구에 부합해야 한다.

UN 장애인권리협약은 정신 장애인이 독립적으로 지역 사회에서 살아갈 권리를 제19조에 명시하고 있다. 자립적인 생활, 사회 통합과 관련한 내용을 담은 제19조 (a)항은 정신 장애인이 주거와 관련하여 자기 결정권을 가지고 있는 것에 초점을 맞춘다. '특정한 거주 형태에 사는 것을 강요받지 않는다'고 명시해, 강제 입원 관행을 없애고 지역 사회로부터의 단절을 막는 것을 목표로 한다. (b)항은 정신 장애인 개개인이 가지고 있는 다양한 욕구에 맞추어 지역 사회 지원이 필요함을 나타낸다. (c)항은 지역 사회 내 존재하는 공공 서비스에 정신 장애인과 비장애인이 사회의 동등한 구성원으로서 평등하게 접근할 수 있어야 함을 의미한다.

장애인권리협약은 정신 장애인이 자립적으로 살아갈 수 있도록 지원하고, 지역 사회에 참여하기 위한 조치를 취해야 한다고 역설한다. 물론 '지역 사회에서 살 권리'를 구현하는 방법에 지름길은 없다. 올바른 길을 찾기 위해서는 정신 장애인의 '자립'이 무엇인지에 대한 고민이 선행돼야 한다. 자립自立은 사전적으로 '남에게 예속되거나 의지하지 아니하고 스스로 서는 것'을 의미한다. 일반적으로 자립은 독립과 같은 의미로 받아들여진다. 그렇다면 자립의 반대는 '의존'이 될 것이다. 자립은 거칠고 힘든 세상에서 살아남아야 하는 외로운 생존이 되어야만 할까?

현재 정치인으로 활동하고 있는 정의당의 장혜영 의원은 중증 발달 장애가 있다는 이유로 13살에 시설에 들어간 동생을 18년 만에 지역 사회로 돌아오게 했다. 물론 수많은 주변의 반대에 부딪혔다. "비장애인도 이렇게 살기 힘든 위험한 세상에서 어떻게 발달 장애인이 자립을 해?" 자립을 각자도생(各自圖生)으로 받아들인다면 발달 장애인의 자립은 불가능할 수도 있다. 하지만 장혜영 의원은 '당신에게 장애인 친구가 없는 이유'라는 제목의 강연에서 다음과 같이 자립을 새롭게 정의한다.[55] "자립은 끊임없이 누군가에게 적절히 의존하면서 자신이 원하는 삶을 찾아나가는 여정이다." 장애에 대한 다양한 주제를 연구하는 '노들장애학궁리소'의 김도현 활동가도 이와 유사하게 '자립'을 위해선 '의존'이라는 개념을 타파해야 한다고 지적한다. 진정한 자립을 위해서는 자립과 의존 사이의 이분법을 해체해야 한다는 것이다. 그리고 이렇게 자립과 의존이라는 이분법을 넘어설 때 드러나는 새로운 가치가 바로 '함께 어울려 섬', 즉 연립interdependence이다.[56]

정신 장애인이 지역 사회에서 연립하기 위해서는 이를 지원할 수 있는 기반이 마련돼야 한다. 서구의 경우 1970년대 이후 정신 병상을 없애는 대신 지역 사회로 돌아온 정신 질환자가 안정적으로 살아갈 수 있는 기반을 적극적으로 구축했다. 미국의 경우 주립 정신 병원의 병상 수를 10분의 1 수준으로 줄였다. 그대신 병원의 체계를 지역 사회로 옮겨왔고, 이를 기반으로 적극적인 '지역 사회 치료 모델Assertive Community

Treatment·ACT'을 시행했다. ACT는 의료, 간호, 심리, 복지, 작업 치료 등 다학제 전문가로 구성된 팀이 개별화된 지원 서비스를 제공한다. 약물 관리부터 주거 지원, 취업 연계, 위기 개입, 가족 지원에 이르기까지, ACT는 포괄적인 접근을 통해 지역 사회에서도 의미 있는 삶을 살아갈 수 있는 안전망이 돼준다. 증상 및 기능 장애로 입원과 퇴원을 반복해야 했던 중증 정신 질환자들이 ACT를 이용한 이후에는 증상을 관리할 수 있었다. 또한 취업 연계 및 주거 지원을 통해 입원하지 않고도 지역 사회에서의 삶을 유지하는 효과가 있는 것으로 나타났다.[57]

하지만 한국의 상황은 좋지 않다. 1995년 정신보건법 제정 이후 정신 질환자에 대한 지원 체계를 구축해 왔지만, 여전히 장기 입원을 통해 정신 질환자를 사회로부터 격리하는 것에 집중했다. 우리나라 정신과 입원 병상은 꾸준히 증가했고, 입원 정신 질환자의 평균 입원 기간은 세계 최고 수준이 되었다. 2018년 OECD 국가의 인구 1000명당 정신 병상 수는 우리나라가 1.26개로 OECD 국가 중 다섯 번째로 많다. 미국이 0.25, 영국이 0.37, 캐나다가 0.34인 것과 비교하여 세 배 수준이다. 평균 입원 기간은 우리나라가 176.5일로 OECD 국가 중 가장 길다. 영국이 35.2일, 캐나다가 21.2일, 호주가 24.1일인 것과 비교하여 압도적으로 높다.[58] 2019년 기준 한 달 내 재입원 비율은 27.4퍼센트로 OECD 회원국 평균 재입원률 12.0퍼센트에 비해 두 배가량 높다.[59] 정신 질환자의 대표적 입소 시설인 정신 요양 시설의 경우는 더욱 심각하다. 2020년 기준 전체 8828명의 입소자중 48.2퍼센트인 4257명이 10년 이상 시설에서 생활하고 있다.[60] 이러한 수치들은 한국의 정신 장애인들이 여전히 병원과 시설에 머물러 있음을 의미한다. 초기의 적극적인 치료를 통해 입원을 최소화하고 가능한 한 빨리 자신이 살고 있는 지역에서 회복해 갈 수 있도록 실제적인 지원을 하는 서구와 대조적이다.

집에서 살 권리

정신 장애인이 지역 사회에서 자립하기 위해서는 살아갈 수 있는 주거지가 필요하다. 그러나 물리적인 집만 제공하는 것만으로 정신 장애인의 주거권을 완전히 보장할 수는 없다. 1999년 미국의 옴스테드Olmstead 판결은 정신 장애인이 '지역 사회에서 살 권리'를 쟁취한 사례다. 두 명의 여성 당사자인 로이스 커티스Lois Curtis와 일레인 윌슨Elaine Wilson 는 주립 정신 병원에 12번 이상 입원과 퇴원을 반복했다. 담당 주치의는 적절한 지원만 있으면 이들이 지역 사회에서 충분히 살아갈 수 있다고 판단했다. 하지만 치료 후에 집으로 돌아가도 지역 사회 기반 서비스가 부재했기 때문에 입원을 반복해야만 했다. 결국 두 여성은 조지아 주가 미국장애인법Americans with Disabilities

Act에 명시된 '지역 사회 통합의 의무'를 위반했다고 주장하며 소송을 제기했다. 그들은 주州정부에 지역 사회에서 충분한 치료와 지원을 보장하라고 요구했다. 법원은 조지아주 정신 건강부가 커티스와 윌슨이 주립 정신 병원을 떠날 수 있도록 지역 사회에서 합리적 편의 제공을 해야 한다고 판결했다. 이 판결은 정신 장애에 관한 정책 방향이 지역 사회 서비스 제공으로 바뀌는 계기가 되었다. 2001년 조지 부시 대통령은 '대통령령 13217'을 통해 모든 주에서 옴스테드 판결에 준한 지역 사회 기반의 서비스를 제공하도록 했다. 특히 지방 정부는 정신 장애인에게 주거 선택권을 보장하고, 응급·임시·영구 거주 서비스와 24시간 통합 서비스를 제공하도록 하였다.

주거 지원의 방향은 '단계적 주거 지원'에서 '주거 우선 Housing First' 정책으로 전환되고 있다. 주거 우선 정책은 1992년 뉴욕의 민간단체인 '집으로의 길Pathways to Housing에서 주거 권리 운동으로 시작하였으며, 그 효과성을 인정받으며 미국을 넘어 다양한 국가에서 주거 지원 모델로 강조되고 있다. 기존의 접근은 주거가 제공되기 전에 정신 건강, 음주, 고용 등의 문제가 먼저 해결되어야 함을 전제한다. 그리고 그 과정에 따라 24시간 보호를 받는 주거 시설에서 독립 주거로 이동하는 식의 단계를 거친다. 하지만 이는 '주거'를 기본적 권리로 인정하지 않는 것이다. 게다가 하나의 주거 형태에서 적용한다고 하더라도 다음 단계에서 다시 적응해야 하는 문제를 발생시킨다. 주거 우선 정책은 당사자에게 맞는 주거를 먼저 선택하고, 그 주거 공간에서 생활할 수 있는 지원 체계를 구축하는 것을 목표로 한다. 이는 말 그대로 '주거' 제공이 최우선이라는 뜻이다. 주거가 먼저 제공되고 여기에 지원 서비스가 결합할 때 안정적인 주거 생활이 시작된다. 이는 당사자가 정신 건강이나 실업 등의 문제를 해결하려는 노력도 할 수 있게 한다. 실제로 2010년 주거 우선 정책이 시행된 뒤 미국이나 유럽 전역에서는 주거 불안정이 효과적으로 개선되는 성과가 나타났다. 주거 우선 정책의 중요한 원칙은 주거 선택권과 개별화된 지원이다. 한 건물에 거주를 하더라도 각자의 욕구와 상황에 맞는 지원이 이루어진다. 예를 들면 식사를 준비할 때 스스로의 힘으로 음식을 할 수 있다면 전문가는 전혀 개입하지 않는다. 장을 보거나 보조적인 도움이 필요한 경우 훈련과 지원이 제공되며, 스스로 요리를 할 수 없는 경우 도시락 서비스가 연계된다. 시설에서 정해진 시간에 일괄적인 급식이 이루어지는 것과는 완전히 다른, 개별화된 지원이 가능하다.

　　한국의 정신 장애인에게는 실제적인 주거 선택권이 보장되지 않는다. 우선 장기 입원 정신 질환자가 지역 사회로 나와 살 수 있는 주거 공간이 턱없이 부족하다. 정신 장애인에게 주거를 제공하는 공동생활 가정은 전국 시군구 중 75개 지역,

즉 32.8퍼센트에만 설치되어 있으며, 나머지 154개 지역에는 단 한 개도 없다. 2018년 국립정신건강센터 조사 결과에 따르면, 지역 사회에서 생활하고 있는 등록 정신 장애인 중에도 주거가 불안정한 경우가 12.3퍼센트로 이들은 적절한 주거가 지원되지 않을 경우, 다시 병원으로 돌아갈 수밖에 없다. 주거 취약 계층을 지원하기 위한 장애인·고령자 등 주거 약자 지원에 관한 법률에서도 정신 질환자는 그 대상으로 포함하고 있지 않다. 집에서 생활하는데 필요한 활동 지원 서비스 또한 정신 장애인은 대상 기준에 포함되기 어렵다. 2020년 장애인 실태 조사에 따르면 정신 장애인이 자가를 소유한 경우는 32.8퍼센트로, 전체 장애 평균 58.2퍼센트보다 낮다. 모든 장애 유형 중에서도 가장 낮은 비율이다. 전월세로 거주하는 경우 보증금은 평균 2856만 원으로, 전체 장애인 중에서 가장 낮은 금액이다. 지역에서 살아갈 수 있는 가장 기본적인 조건은 주거다. 주거권이 보장되지 않는 한, 정신 장애인은 사회 속에서 연립하기 어렵다.

일할 수 있는 권리

인간에게 노동은 중요하다. 인간은 노동을 통해 생계를 유지하고, 지역 사회의 구성원으로서 자신에게 주어진 사회적 역할을 다한다. 이는 곧 생존권과도 연결된다. 노동권은 노동의 능력과 의욕을 지닌 사람이 사회적으로 노동할 기회와 그 보장을 요구할 수 있는 권리다. 노동권은 성별, 나이, 고용 형태, 장애 유무와 상관없이 누구나 가진다. 그러나 정신 장애인은 사회적 편견과 차별로 인해 노동권을 보장받지 못하고 있다. 2019년 경제 활동 실태 조사에 의하면 정신 장애인의 고용률은 15개 장애 유형 중 가장 낮은 11.6퍼센트로, 전체 장애인 고용률인 34.9퍼센트의 3분의 1에도 못 미친다. 또한 정신 장애인의 비정규직 비율은 77.9퍼센트로, 모든 장애 유형 중 가장 높다. 정신 장애인 재활 시설에 고용된 정신 장애인의 임금은 평균 40만 3천 원으로 여타 장애인 근로 사업장의 평균 임금에 절반도 미치지 못하는 수준이다.

정신 장애인이 취업하는 데 있어 가장 큰 장벽은 사회적 편견일 것이다. 정신 질환자를 예비 범죄자 취급하는 사회적 분위기 속에서 고용주는 정신 장애인을 고용하기 꺼린다. 2019년 국가인권위원회가 조사한 정신 질환자에 대한 차별과 편견에 따르면, '내가 고용주라면 정신 질환자는 채용하지 않을 것이다'가 3.09점으로, '우리 가족이 정신 질환을 앓았던 사람과 결혼하겠다면 반대하겠다(3.62점)'와 '정신 질환자에게 우리 집 방을 세줄 수 없다(3.28점)'는 응답 다음으로 가장 높게 나타났다.[61] 실제로 채용 과정에서 정신 질환이 있다는 이유로 차별받기도 한다.

A 씨는 지방직 공무원 시험에 응시해 우수한 성적으로 필기에 합격했지만, 면접에서 정신 장애를 이유로 최종 탈락하였다. A 씨는 양극성 정동 장애로 2012년 정신 장애 3급으로 판정받은 등록 장애인이다. 판정 이후에도 학원 강사, 건설 회사 측량 지원 등 비장애인과 같은 수준의 일을 꾸준히 해왔다. A씨는 2020년 지방 공무원 9급 공개 채용에서 장애인 전형으로 지원했다. 1차 필기는 무난히 합격했다. 하지만 면접에서 면접 위원들로부터 직무 관련 질문이 아닌 정신 장애와 관련한 질문을 집중적으로 받았고 최종 불합격 통보를 받았다. 현재 A씨는 국가를 상대로 법적 소송 중에 있다.[62] 장애인 차별금지법 제4조 제1항 제1호는 "장애인을 장애를 사유로 정당한 사유 없이 제한, 배제, 분리, 거부 등에 의하여 불리하게 대하는 경우"를 차별 행위로 규정하고 있다.

2020년 7월 국가인권위원회는 신임 검사를 채용할 때 정신 질환 치료 여부까지 묻는 것은 과도한 인권 침해라는 권고문을 발표했다. 법무부 및 검찰은 검사를 임용하는 과정에서 다양한 서류를 요구하는데, 그 중 '정신과 진료 경험 여부'를 질문하는 서류인 신원 진술서가 있다. 사실 선발 과정에서 정신과적 병력을 묻는 것은 검찰만이 아니다. 법원에서 법관을 선발할 때도 정신과적 병력에 대해 기재할 것을 요구하고 있다. 특히 검찰의 신원 진술서는 질문의 정도가 구체적이다.

법관 임용 서류와 달리 검사 임용 서류에서는 정신 건강상 이유로 진료를 받은 적이 있는지 묻고 '예', '아니오' 중에 하나를 선택하라고 강요하기 때문이다. 이에 그치지 않고 '의료 기관의 진료나 상담은 받지 않았지만 학업이나 업무 수행에 지장을 줄 수 있을 정도의 정신 질환 등 정신 건강상 이상을 경험한 사실이 있습니까?'라고도 묻는다. 이에 대해 국가인권위원회는 신원 진술서에 정신 질환 및 정신 건강 관련 문항을 삭제할 것을 권고했다. 공무원 신원 조사 항목에 건강 사항이 포함되어 있지 않아 근거가 명확하지 않으며, 국가에 대한 충성심, 성실성 및 신뢰도를 조사하기 위한 목적에도 부합하지 않는다고 보았다. 채용 과정에서 빈번하게 일어나는 정신 질환과 정신적 어려움에 대한 차별과 배제는 심각한 노동권 침해다.[63]

서구에서는 이러한 차별을 강력하게 금지하는 것을 넘어 장애에 대한 적극적인 지원까지 제도화하고 있다. 즉, 정신적 어려움을 가지고도 직업을 유지할 수 있도록 '정당한 편의 제공reasonable accommodation'을 권고한다. 가령 영국에서는 2010년 평등법에서 장애인에 대한 정당한 편의 제공을 의무화하였다. 특히 정신적 어려움이 있는 사람에 대한 직장에서의 합리적 조정 권고안을 다음과 같이 발표했다.[64]

근무 시간 또는 패턴

- 근무 시간/종료 시간 혹은 교대 패턴에 대해 유연하게 접근한다.

- 진료 예약 시 유급 혹은 무급 휴가 사용을 허용한다.

- 업무 복귀 단계에서 임시적인 파트타임 근무를 허용한다.

- 동일한 시간이더라도 더 짧고 더 자주 쉬도록 한다.

- 연차 휴가를 연중 일정하게 사용하도록 한다.

물리적 환경

- 소음을 최소화한다.

  예) 개인 공간이나 칸막이 제공, 전화 음량 줄이기

- 주 업무 공간과 떨어진 조용한 휴식 공간 제공한다.

- 예약된 주차 공간을 제공한다.

- 개인 공간을 추가 허용한다.

- 업무 공간을 이동한다.

업무 부담 관련 지원

- 지도 감독의 빈도를 늘린다.

- 업무의 우선순위를 정하도록 지원한다.

- 특정 작업에 조금 더 집중할 수 있도록 허용한다.

- 업무를 나누는 것을 고려한다.

외부의 지원

- 업무 코칭을 제공한다.
- 친구나 멘토를 제공한다.
- 동료들 간의 어려움이 있을 때 중재를 제공한다.

한국도 2008년부터 시행된 장애인차별금지법의 제11조(정당한 편의 제공 의무)를 통해 교육, 고용, 문화 등의 분야에서 장애인이 차별받지 않도록 정당한 편의를 제공할 것을 규정했다. 물리적 장벽으로 인해 사회 참여에 제약을 경험하는 신체장애인의 경우, 계단과 문턱 등을 없애고 엘리베이터 혹은 경사로를 설치하는 방식을 통해 정당한 편의를 제공할 수 있다. 혹은 시각 장애인의 경우 촉각을 이용하거나, 오디오 신호를 활용한 정보 제공이 가능하다. 그리고 지역 사회에서 살아가고자 하는 욕구가 있음에도 부득이하게 시설에 머물러 있는 장애인을 위한 정당한 편의 제공에는 활동 지원 서비스, 동료 지원 서비스, 장애인 콜택시 등의 다양한 서비스가 포함된다. 정당한 편의 제공 의무는 장애인의 사회 참여와 통합을 효과적으로 달성하기 위한 핵심적인 제도다. 하지만 정신 장애인에 대한 편의 제공은 아직 포함돼 있지 않다.

장애인이 일할 수 있도록 실제적인 고용을 보장하는 국가들도 있다. 이탈리아는 '정신 병원이 없는 국가'로 알려져 있다. 이탈리아 정신 보건 개혁의 선구자인 정신과 의사 프랑코 바자리아Franco Basaglia는 정신 장애인의 존엄성과 시민권을 복원하기 위해 정신 병원을 폐쇄하고 그들을 지역 사회에 사는 시민으로 바라봐야 한다고 생각했다. 바자리아는 이탈리아 북부 고리치아 지역의 정신 병원 원장으로 임명된 후 감옥과 다를 바 없는 병원 내부의 상황을 보고 정신 병원 개혁의 선두에 섰다. 그 결과 1978년, 바자리아법이라고도 불리는 '법률 180(정신보건개혁법)'이 통과됐다. 이로써 이탈리아의 모든 공공 정신 병원이 폐쇄됐고 이곳에 수용된 정신 질환자들은 사회로 나오게 된다. 이탈리아는 지역 사회로 나온 정신 장애인이 일할 수 있는 기회를 보장하기 위해 '사회적 협동조합'을 활성화하는 전략을 사용했다. 1991년 '법률 381(사회적 협동조합의 규정)'을 통해 최소 30퍼센트의 장애인 고용 의무를 보장했고, 장애인의 일자리 제공을 위한 사회적 협동조합에 세금 공제 혜택을 줬다.

이탈리아 영화 〈위 캔 두 댓We can do that〉은 1980년대 초 '법안 180'이 통과된 이후 정신 장애인이 변화하는 모습을 다룬다. 영화 속 주인공들은 정신 병원이 폐쇄돼 돌아갈 곳이 없는 정신 질환자다. 이들은 직접 협동조합을 운영하기 시작한다. 이들은 정신 병원에 있을 때는 무력한 존재였다. 그러나 노동을 하고, 일을 통해 소득이 생기면서 억압된 욕구를 자연

스레 표출하는 존재로 바뀌었다. 자신을 위해 차를 사고, 집을 사며, 극장에 가고, 연애를 하고, 결혼을 꿈꾼다. 정신 장애인은 무욕의 존재가 아니다. 다양한 사회적 배제로 인해 욕구를 포기해야 하는 상황에 몰린 것에 가깝다.

정신 질환과 함께, 살아가는 사회

국민 네 명 중 한 명은 평생 한 번 이상 정신 질환에 걸리는 한국에서 정신 질환은 결코 특정 소수만의 문제가 아니다. 경쟁적인 입시, 최장 노동 시간과 높은 업무 스트레스, 취약한 사회 안전망 속에서 홀로 살아남기를 요구하는 한국 사회는 그 자체로 정신 건강에 심각한 위험 요인이 된다. 정신적 어려움을 겪어도 사회적 편견으로 인해 정신과 병원의 문턱을 넘기 어렵다. 또한 약물 중심의 치료는 증상을 완화할 뿐 삶의 온전한 회복을 돕지는 못한다. 강제 입원, 열악한 치료 환경, 그리고 장기 입원은 그 자체로 인권 침해이며, 정신 질환자에게 증상보다 더 큰 트라우마를 남기게 된다. 지역 사회에서 살아갈 수 있는 집과 일자리가 없기 때문에 아직도 많은 정신 질환자들이 병원과 시설에서 주거를 해결하고 있다. 코로나19 첫 사망자였던 청도대남병원의 정신 질환자는 한국 사회 속 정신 질환자의 삶의 모습을 가장 극명하게 드러낸 사례다.

정신 질환은 개인의 문제가 아니다. 정신 질환을 가진

이도 더불어 살아갈 수 있는 사회를 건설하는 것이 해답이 돼야 한다. 한국 사회가 고민할 지점은 정신 장애인이 비장애인과 동등한 조건으로 사회에 참여할 수 있도록 장벽을 허물고 차별을 생산하는 구조를 바꾸는 일이다. 이러한 지원 체계는 당사자로 하여금 사회 속에서 한 명의 시민으로서 자기 역할을 할 수 있도록 할 것이다. 시민이 된 정신 질환자를 보면서 사회 또한 정신 장애인에 대한 인식을 서서히 바꿀 것이다. 당사자는 자신의 긍정적 정체성을 당당하게 밝히며 사회에 섞일 수 있다. 긍정적인 선순환이다. 건강한 사회는 모두가 함께 살아가는 사회다. 정신 질환, 그리고 정신 장애인과 함께 살아가는 사회를 위해 노동권, 주거권, 그리고 정당한 편의 제공에 대한 진지한 고민이 시작돼야 한다.

주

1 _ 한국트라우마스트레스학회, 〈2021년 코로나19 국민 정신건강 실태조사〉, 2021년, 11쪽.

2 _ 이주현, 《삐삐언니는 조울의 사막을 건넜어》, 한겨레출판, 2021, 181-182쪽.

3_ 홍진표 외, 〈2016년도 정신질환실태 조사〉, 보건복지부, 2017년, 12쪽.

4 _ 보건복지부·국립정신건강센터, 〈2021년 정신건강실태조사 보고서〉, 2021년, 56쪽.

5 _ 보건복지부·한국생명존중희망재단, 〈2021 자살예방백서〉, 2021년, 41쪽.

6 _ 박진우·허민숙, 〈아동·청소년의 정신 건강 현황, 지원제도 및 개선방향〉, 《NARS 현안분석 200호》, 2021년, 1-17쪽.

7 _ 홍진표 외, 〈2016년도 정신질환실태 조사〉, 보건복지부, 2017년, 392-395쪽.

8 _ 홍진표 외, 〈2016년도 정신질환실태 조사〉, 보건복지부, 2017년, 393쪽.

9 _ 김다혜, 〈귀신 내쫓아 줄게… 40대 女 밟아 숨지게 한 법사〉, 《뉴스1》, 2017년 12월 22일.

10 _ 국립정신건강센터, 〈국가 정신건강현황 보고서 2020〉, 2021년, 118쪽.

11 _ 황영주, 〈인권위, 정신장애인 자격·면허 취득 제한 제도 개선 권고〉, 《메디컬투데이》, 2018년 5월 8일.

12 _ 상법, 제732조 (15세미만자등에 대한 계약의 금지)

13 _ 김성희 외, 〈2020년 장애인 실태조사〉, 보건복지부, 2020년, 408쪽.

14 _ 이관형, 《바울의 가시》, 옥탑방프로덕션, 2017년, 19쪽.

15 _ 이정하, 《나는 정신 장애인이다》, 파도손, 2018, 145쪽.

16 _ 김성완 외, 〈정신증 미치료 기간 단축 전략 수립 및 정신건강문제 조기발견 자료개발〉, 2019년, 13쪽.

17 _ 조윤화 외, 〈정신장애인 지역사회통합 지원방안 연구〉, 2014년, 171-198쪽.

18 _ 보건복지부 국립정신건강센터, 〈국가정신건강현황 보고서 2019〉, 2020년, 40쪽.

19 _ 강상경 외, 〈정신재활시설 운영·이용실태 및 이용자 인권실태조사〉, 2020년, 175-176쪽.

20 _ 크리스토퍼 레인(이문희 譯), 《만들어진 우울증》, 한겨레출판, 2007년, 85쪽.

21 _ 로렌 슬레이터(유혜인 譯), 《블루 드림스》, 브론스테인, 2020년, 49쪽.

22 _ 로렌 슬레이터(유혜인 譯), 《블루 드림스》, 브론스테인, 2020년, 75쪽.

23 _ E. 풀러 토리(정지인 譯), 《조현병의 모든 것》, 심심, 2021년, 168쪽.

24 _ 강웅구, 〈도파민 시스템과 항정신병 약물의 작용에 대한 이해〉, 《신경정신의학》, 50(4), 2011, 251-272쪽.

25 _ 정재승, 《열두 발자국》, 어크로스, 2018년, 176-177쪽.

26 _ E. 풀러 토리(정지인 譯), 《조현병의 모든 것》, 심심, 2021년, 220쪽.

27 _ 리단, 《정신병의 나라에서 왔습니다》, 반비, 2021년, 163-165쪽.

28 _ 조민정, 〈정신 병원 침대 묶여 사망한 알코올 중독자… 담당 의사는 무죄?〉, 《이데일리》, 2022년 2월 11일.

29 _ 박종언, 〈정신장애 단체들 "정신병원의 정신장애인 폭행 사망 규탄〉, 《마인드포스트》, 2020년 7월 28일.

30 _ Michael Simonson, 〈MIA Survey: Ex-patients Tell of Force, Trauma and Sexual Abuse in America's Mental Hospitals〉, 《Mad in America》, 2018년 12월 9일.

31 _ 박여리, 〈박여리의 고백 1화: 나는 아파서 왔는데 머물 수가 없는 곳이 정신 병원이었다〉, 《마인드포스트》, 2021년 11월 8일.

32 _ 중앙정신건강복지사업지원단, 〈정신질환과 사망〉, 《NMHC 정신건강동향》, 25, 2021년, 1쪽.

33 _ 국가인권위원회, 〈정신장애인 인권 보고서(2021)〉, 2021년, 40쪽.

34 _ 양옥경 외, 〈정신장애인 국가보고서 이행상황 점검을 위한 실태조사〉, 2019년, 344-351쪽.

35 _ 박성민, 〈정신질환 범죄자의 재범…법무부-복지부, 책임은 누가 더 클까[박성민의 더블케어]〉, 《동아일보》, 2020년 12월 11일.

36 _ 헬렌 허먼 외 2인(김민석 외 譯), 《정신건강증진: 개념 증거 실천》, 포널스출판사, 2018년, 84-90쪽.

37 _ Jonathan Campion et al., 〈Inequality and Mental Disorders: Opportunities for Action〉, 《The Lancet》, 382(9888), 2013, pp. 183-184.

38 _ Jessica Allen et al., 〈Social Determinants of Mental Health〉, 《International Review of Psychiatry》, 26(4), 2014, pp. 392-407.

39 _ Ben Barr, Peter Kinderman and Margaret Whitehead, 〈Trends in Mental Health Inequalities in England during a Period of Recession, Austerity and

Welfare Reform 2004 to 2013〉,《Social Science & Medicine》, 147, 2015, pp. 324-331.

40 _ Liddell C, Guiney C., 〈Living in a Cold and Damp Home: Frameworks for Understanding Impacts on Mental Well-Being〉,《Public Health》 129(3), 2015, pp. 191-199.

41 _ 송인한 외 2인, 〈사회경제적 박탈이 우울에 미치는 영향', 보건사회연구〉,《보건사회연구》, 35(3), 2015, 42-70쪽.

42 _ 양옥경 외, 〈정신장애인 국가보고서 이행상황 점검을 위한 실태조사〉, 2019년, 174-175쪽.

43 _ Patrick Bracken and Philip Thomas,《Postpsychiatry: Mental Health in a Postmodern World》, Oxford University Press, 2005, pp. 80.

44 _ 멘탈헬스코리아 피어 스페셜리스트,《우리의 상처는 솔직하다》, 마음의 숲, 2021, 236쪽.

45 _ 다니엘 피셔(제철웅 외 譯),《희망의 심장박동》, 한울아카데미, 2020, 21-22쪽.

46 _ 웨인 조나스(추미란 譯),《환자 주도 치유 전략》, 동녘라이프, 2019, 66쪽.

47 _ WHO,《MENTAL HEALTH ACTION PLAN 2013~2020》, 2013, 9쪽.

48 _ 나쓰카리 이쿠코(홍성민 譯),《사람은 사람으로 사람이 된다》, 공명, 2019, 11쪽.

49 _ 박목우 외 3인,《질병과 함께 춤을》, 푸른숲, 2021, 105-106쪽.

50 _ 장애학은 장애를 규정하는 정치적, 경제적, 사회적, 문화적, 역사적 요인과 맥락 등을 탐구하는 독립적인 학문 분야다.

51 _ Colin Barnes and Geoffrey Mercer, 《Implementing the Social Model of Disability: Theory and Research》, The Disability Press, 2004, pp. 18-31.

52 _ 한예섭, 〈"출근길 불편? 잘 압니다. 우리는 이걸 70년째 겪고 있어요"〉, 《프레시안》, 2022년 2월 8일.

53 _ 김성희 외, 〈2020년 장애인 실태조사〉, 보건복지부, 2020년, 250-476쪽.

54 _ 국가인권위원회, 〈정신장애인 인권 보고서(2021)〉, 2021년, 105쪽.

55 _ 장혜영, 〈당신에게 장애인 친구가 없는 이유〉, 《세바시 891회》, 2018년 1월 22일.

56 _ 김도현, 《장애학의 도전》, 오월의 봄, 2019, 330쪽.

57 _ Stephen, J. Z. and Geoffrey, W. S., 〈A Meta-Analysis of the Effectiveness of Mental Health Case Management Over 20 Years〉, 《Psychiatric Services》, 51(11), 2000, pp. 1410-1421.

58 _ 국가인권위원회, 〈정신장애인 인권 보고서(2021)〉, 2021년, 30-31쪽.

59 _ 국가인권위원회, 〈정신장애인 인권 보고서(2021)〉, 2021년, 33쪽.

60 _ 국립정신건강센터, 〈국가 정신건강현황 보고서 2020〉, 2021년, 87쪽.

61 _ 양옥경 외, 〈정신장애인 국가보고서 이행상황 점검을 위한 실태조사〉, 2019년, 239-240쪽.

62 _ 박종언, 〈[인터뷰] 정신장애인 공무원 시험 탈락에 항소…"항소심서 지면 대법원에 상고할 것"〉, 《마인드포스트》, 2022년 5월 4일.

63 _ 김병민, 〈채용 과정에서의 정신질환 차별에 관한 법적 연구 및 사례 분석〉, 《공익과 인권》, 21(0), 2021, 29-67쪽.

64 _ Department of Health, 〈Advice for Employers on Workplace Adjustments for Mental Health Conditions〉, 2010, pp. 3-5.

북저널리즘 인사이드   아무도 질문하지
않는 것들

외상은 눈에 보인다. 진물이 나는 상처 부위를 보고 피를 닦을 수 있다. 점차 환부에 딱지가 앉는 것을 보며 '나아지고 있다'고 생각할 수 있다. 세상에는 보이지 않는 병이 있다. 보이는 건 돌발적으로 튀어나오는 증상뿐이다. 갑작스레 소리를 지를 수도, 환청을 들을 수도 있다. 몇몇은 보이지 않는 병을 보고 싶은 마음에 자신의 몸에 상처를 내고 '개운하다'는 감각을 느끼기도 한다. 그러나 이들의 외상 역시 보이지 않는 건 마찬가지다. 세상은 그들의 상처를 꼬리표로 덮었고, 비좁고 외진 곳에 가뒀다. 정신 질환은 보이지 않는다는 이유로, 언제나 예외였다.

보이지 않는다는 서술에서 벗어나지 못한 채로 정신 질환은 사회에 뿌리내렸다. 환자는 자신의 병을 숨기기 시작했고, 사회는 정신 질환을 점차 잊었다. 잊힌 정신 질환은 파편적인 단어 안에 갇히기 시작했다. 강력 범죄, 살인, 망상, 약, 입원 등이다. 개별 단어들이 정신 질환으로 귀결되자 사회는 이들을 격리해야 한다고 말하기 시작했다. 적대적인 세상을 마주하며 환자는 자신의 병을 부인하거나 숨겼다. 악순환의 시작이다. 약물은 분명 정신 질환으로 인한 증상을 완화할 수는 있었다. 그러나 그뿐이었다. 병이 만든 삶의 빈자리에는 약과 병원만이 들어섰다. 약을 먹지 않으면 움직이기도 어려워하는 이들은 자신이 약에 지배당하고 있다는 생각을 떨치기 어렵다. 약이 빠져나가면 삶이 텅 비어버린다. 그렇게 정신 질환을 앓는 이들은 다시 병원으로 향할 수밖에 없었다. 빠른 속도의 회전문에서 빠져나가지 못한 채 회전문 사이를 빙빙 도는 것처럼 말이다. 누구도 그 회전문의 속도를 낮추거나 좁은 틈새 안에 갇힌 사람을 바라보지 않았다.

"어느 순간 X는 문밖을 나서기 어려웠고, 긴 시간 휴학할 수밖에 없었다. 과제를 하는 것은 둘째 치고 출석조차 쉽지 않았다. X는 하루의 절반 이상을 침대에서 보냈다. 끼니를 챙겨 먹거나 주변을 치우거나 Y와 연락을 하지도 않았다. X 주변에서는 속삭이는 소리가 들렸다. 몇 년 전 대학 입시를 위해 다닌 학원의 선생 Z의 목소리였다. X는 존재하지 않는 소리를 듣는 자기 자신이 싫었다. X는 정신 병원을 찾았고, 입원 치료를 받았다. 폐쇄 병동에 입원하기 위해서 그간 모아두었던 돈을 다 쓸 수밖에 없었다. 잔고가 바닥날 무렵, X는 어쩌면 다시 학교를 다닐 수 있을 것이라 생각했다. 친구 Y는 X가 전한 복학 소식을 듣고 좋아했다. 한 학기가 채 끝나기 전이었다. Y는 다시 X를 볼 수 없었다. 이유는 여러 가지일 것이다. Y는 생각했다. X가 다시 입원한 걸까? X가 다시 침대에 갇혀 버린 걸까? X는 환청을 좇아 지금 이곳에서 멀어진 걸까? 학교는 놀랍도록 조용했다."

짧은 이야기의 주인공은 X지만, 보이지 않는 Z는 한 명이 아니다. 사회 전체, 구조 전반, 치밀한 역학까지, 모든 것이 Z가 될 수 있다. X의 고통과 Y의 좌절감을 호르몬의 이상 반응과 약물의 부재로 단순화할 수 있을까? 하나의 질병을 개인의 잘못과 불운으로 돌리거나 나약한 의지 탓으로 돌리는 것은 간편하다. 그런 구조는 다루기 쉽다 못해 마음을 편안하게 만든다. 나의 의지만 강하다면, 내가 잘못하지만 않는다면 나는 X도, Y도 되지 않을 수 있다는 생각 때문이다. 이 안도감은 환상이다. 환상은 생각보다 더 두껍고 견고해서 빠르게 돌아가는 회전문 앞에 암막 천 정도는 가볍게 칠 수 있다.

원인이 있고, 결과가 있기에 원인을 해결한다는 논리의 의료 모델은 근대의 산물이다. 완벽한 인과 관계는 있을 수 없다. 나비의 날갯짓이 태풍을 불러올 수 있다고 태풍의 원인을 나비의 날갯짓으로 돌리는 건 이상하다. 소설 속, 영화 속의 우연하고도 완벽한 마주침이 비현실적인 것도 마찬가지다. 현실을 완벽한 인과 구조와 논리 관계로 바라보면 많은 문제는 간단히 해결될 것처럼 보인다. 그러나 '치료'가 가능하다고들 말하는 약이 존재하는 지금도 조현병 환자의 75퍼센트는 완전한 회복을 이루지 못한다. 그 연쇄 안에 무언가 놓친 것이 있다는 증거다.

비현실이 완벽한 인과율로 작동한다면 현실이 내세울

수 있는 건 새로운 구조를 상상하는 능력이다. 가능한 건지 모르겠다는 생각도 현실에 침입하면 어찌 됐든 둥지를 튼다. 프랑코 바자리아의 정신 병원 폐쇄 계획은 '이탈리아의 미친 법 Italy's mad law'이라는 평가를 받았다. 2000년 12월 31일, 이탈리아의 모든 공공 정신 병원이 폐쇄됐다. 바자리아법이 시행된 지 20여 년이 흐른 이후다. 바자리아는 병원 밖에서 정신 질환자들이 더 나은 삶을 적극적으로 모색한다는 것을 알았다. 그의 상상이 현실이 되자 정신 질환은 '보이는 병'이 되었다.

상상이 현실이 되는 과정은 결코 쉽지 않다. 수많은 질문과 우려에 부딪히며 경로를 바꿔야 할 때도 있다. 누군가는 정신 질환자를 위해 그 많은 자본을 어떻게 쏟을 수 있겠냐며 반문할 것이다. 그러나 우리 모두는 언젠가 X였고, Y였고, Z였다. 장벽을 인식하고 그 뒤를 상상하지 않는다면 우리는 결코 장벽 뒤에 누가 살아 숨 쉬는지 볼 수 없다. 혹은 내 앞에 이미 놓여 있을 수 있는 장벽도 볼 수 없다. 누군가에게 세상은 무한하지만, X에게 세상은 병원으로 향하는 길과 비좁은 병동 하나다.

《사회가 가둔 병》은 우리 사회가 어떻게 정신 질환을 다뤄왔고, 무엇이 정신 질환을 가뒀는지 말한다. 행정적으로 부과되는 실질적인 차별부터 몇 가지 단어들이 모여 만드는 꼬리표까지, 정신 질환자의 삶은 삶의 것이 아닌 것들로 가득하다. 사회는 더 나은 방향을 상상하고, 만들어 낼 책무가 있다. 다시 질문할 때가 왔다. 정신 질환자들의 삶은 어디 있는지, 왜 이들은 평생을 비좁은 병동 안에 갇혀 살아야 하는지, 이들이 노동을 하거나 유의미한 삶의 궤적을 만들어 갈 수는 없는 건지. 아무도 질문하지 않는다면 새로운 답은 나올 수 없다.

김혜림 에디터